中国社会科学院创新工程学术出版资助项目

维特根斯坦心理学哲学研究

张励耕　著

中国社会科学出版社

图书在版编目（CIP）数据

维特根斯坦心理学哲学研究／张励耕著．—北京：中国社会科学出版社，2017.4

ISBN 978-7-5203-0291-3

Ⅰ.①维…　Ⅱ.①张…　Ⅲ.①维特根斯坦（Wittgenstein, Ludwig 1889-1951）—哲学思想—研究　Ⅳ.①B561.59

中国版本图书馆 CIP 数据核字（2017）第 090107 号

出 版 人	赵剑英
责任编辑	冯春凤
责任校对	张爱华
责任印制	张雪娇

出　　版	中国社会科学出版社
社　　址	北京鼓楼西大街甲 158 号
邮　　编	100720
网　　址	http://www.csspw.cn
发 行 部	010-84083685
门 市 部	010-84029450
经　　销	新华书店及其他书店

印　　刷	北京君升印刷有限公司
装　　订	廊坊市广阳区广增装订厂
版　　次	2017 年 4 月第 1 版
印　　次	2017 年 4 月第 1 次印刷

开　　本	710×1000　1/16
印　　张	14.75
插　　页	2
字　　数	204 千字
定　　价	68.00 元

凡购买中国社会科学出版社图书，如有质量问题请与本社营销中心联系调换
电话：010-84083683

目　录

Content

4

导　论

第一节　维特根斯坦后期哲学的框架

1929 年，正值壮年的维特根斯坦回到剑桥，开始了他所谓"回到哲学"的第二次哲学生涯。这次回归的根源在于，他已经洞察到，自己以《逻辑哲学论》为代表的前期哲学并没有真正解决所有的哲学问题。相反，它本身恐怕又成了新的哲学问题的一部分，或是落入传统哲学问题的窠臼之中。因此，他在 1929 年以后的哲学是以对自己之前哲学的批判为基础的。不过，对自己之前的哲学究竟应开出何种药方，这一点却不是那么容易确定的。随后的一段时期，他进行了各种理论上的尝试——比如现象主义的世界观——到大约 1931 年夏天开始形成自己后期哲学的独特风格，并提出了一些基本的理论主张。所以，1929 到 1931 年又被称作维特根斯坦的"中期"，1931 年以后才是他真正意义上的"后期"。[①]我们在本书中所谈及的他的"后期哲学"，指的也正是 1931 年之后、他更为成熟阶段的哲学思想。

尽管在不同阶段有着不同的思想脉络，但作为二十世纪最重要的几位哲学家之一，维特根斯坦有着一些自己始终关注的核心问题。而对这些核心问题所做的基本回答，恰恰构成了他各个阶段哲学思想的根基或框架。在这些问题中，他一直关注的一个根

---

① 　参阅韩林合：《维特根斯坦〈哲学研究〉解读》，第 1596 页。

本问题就是，语言、心灵与世界三者的本质及其相互关系。回答这个问题的基本方式，构成了我们梳理他全部哲学思想的最重要的脉络。

在《逻辑哲学论》中，维氏认为"世界是事实而非物的总和"（TLP 1.1），[①] 世界最终可以被分析成绝对简单、不生不灭的对象。与这种结构相对应，心灵在本质上也是由心灵事实构成的，并且能够直接表现世界中的事实。而从本质上说，语言是"互相独立的基本命题的真值函项，最终说来是由绝对简单的符号名称构造起来的结构"，"本质语言中名称的意义就是其指称对象的意义，命题的意义就是其所描述的事实或事态"。就语言、心灵和世界三者的关系而言，"语言外在于世界，其命题是世界中的事实的逻辑图像，而且这种描画关系只有借助于心灵的意指和理解过程才能发生"。[②] 这样的观点即著名的"图像论"。无论在其他方面取得了怎样的成功，但颜色不相容性等反例表明（参阅 TLP 6.3751），这个体系最终说来是站不住脚的。这意味着我们必须尝试从其他角度看待语言、心灵与世界。

中期的维特根斯坦则开始接受英国经验论在处理相关问题上的尝试，进行了一段现象主义的探索。但经过这段探索之后，他最终

---

① 本书中引用到维特根斯坦原文的时候，一般采取直接在引文后括号内标示出处的方式。引用方式为"著作缩写+评论编号/手稿+手稿编号：页码［手稿日期］"。例如，"BPP I 836/MS 134：42［18.3.47］"意为"《心理学哲学评论·第一卷》第836条评论/手稿编号107：第42页［1947年3月18日］"，而"PU II xi 113"意为《哲学研究》第二部分第十一大段第113节。其中"［手稿日期］"只在个别有必要之处才被标示，一般都被略去。有个别段落可能只有在打字稿（即TS）中才出现，或与手稿中的原文差异较大，或无法在手稿中找出准确的出处，这时都一律不再给出手稿页码。此外必须指出的是，由于关于《哲学研究》文本的出处研究已经很充分，笔者不再给出其中相应的手稿出处。在《维特根斯坦新谭》（*Seeing Wittgenstein Anew*）一书的附录（Appendix）中，有三版《哲学研究》不同段落间的对应关系，我们可以参阅这个附录。关于所使用的维特根斯坦著作的缩写，请参阅参考文献的第一部分"维特根斯坦著作及缩写"。本书中出自其他作者文献的引文出处，一般则采取注释的形式。

② 以上引号中文字引自韩林合：《维特根斯坦〈哲学研究〉解读》，第1597—1598页。

2

意识到，自己前期和中期对三者的理解以及对哲学的理解，都在根本上出了问题。这些问题不能依靠采取如现象主义的哲学立场来解决，而是必须开拓出一条与以往完全不同的哲学道路。这种开拓的起点就是对语言看法的根本性转变。

以《哲学研究》为代表的维特根斯坦后期哲学，建立在对以《逻辑哲学论》为代表的前期哲学批判的基础上。在《哲学研究》前言中，维氏明确地表示，应当把《逻辑哲学论》中的想法与自己新的想法共同出版。因为只有与前期思想相对照，后期思想才能被充分地理解。而且，维氏的最终目的不仅在于系统地修订《逻辑哲学论》中的错误，而且在于对哲学中最为艰深的那些问题——比如意义的本质、什么是理解、心灵与世界的关系、命题与事实的关系、名称与对象的关系等——进行彻底的反思。为了进行这种反思，他需要一套全新的哲学框架，从全新的视角来看待这些问题。

在《哲学研究》中，我们看到了这种全新框架大致的样子，它的确与他前期和中期的哲学都有着根本性的不同。无论在前期还是中期，维氏都坚持认为，语言具有某种本质，只是哲学家们对这种本质的理解出现了各种问题。但是在《哲学研究》中，维氏认识到，语言——至少我们的日常语言——"不过是各种各样、彼此间仅具家族相似性的语言游戏的类聚物而已"，这意味着，语言根本没有一个本质。进而，心灵也不能独立于语言而直接表现世界中的事实，语言与世界的关系也不是靠心灵建立起来的。相反，心灵与世界的关系是"在语言之中建立起来的"，而语言与世界的关系"是在语法中建立起来的"。语言表达式的意义也不在于名称与对象或命题与事实之间的对应关系，而在于语言表达式的用法。由于这些理由，我们不可能在语言之外建立起某种关于世界的表现体系。而这也意味着，在心灵、语言和世界三者间关系的问题上，语言成为了他看待上述那些问题的新的、最重要的视角。更进一步地说，他最终达到的立场是：语言游戏其实根植于生活形式之中，甚至"世界就是生活形式"。①

在这种框架转变的新背景下，相对于传统哲学所涉及的范围而言，维特根斯坦的视域也扩大到人类生活中的各个领域——比如数学基础、自然科学、心理学、美学、宗教等等。而且，他后期哲学的具体论题也发生了很大的变化。相比《逻辑哲学论》中对语言结构和逻辑形式的分析，以及中期对于"现象学"的钻研，后期维氏更着力于剖析各种不同语言游戏的特征，以及追问各种语言表达式的用法。在自己这种独特方法的基础上，他开始尝试用自己的独特方式对传统哲学中的基本问题进行新的解读。

这些基本问题涉及广泛的领域，包括"意义、理解、命题、逻辑概念，数学的基础，意识状态等等"。（PU 前言）而他对所有这些问题的处理，几乎都是从"语言游戏"的角度来进行的。"语言游戏"是后期维特根斯坦的一个基本概念——他认为，语言实际上可以被视为各种游戏的聚合物。他的这种看法本身是十分复杂的，我们不可能在此对它进行全面的考察，并评判它是否能经受住各种批评。就本书的目的而言，我们需要把握那些会与本书的讨论有关的重要细节。在这些细节中，首先要引起我们注意的，就是他对各种不同的"语言游戏"之间关系的看法。

荷兰学者米克尔·哈尔克（Michel ter Hark）是研究后期维特根斯坦哲学的专家，他的专著《超越内与外》（*Beyond the Inner and the Outer*）是研究维氏后期哲学、尤其是我们随后将提到的心理学哲学的重要论著。他在这本书的第二章中指出，关于不同语言游戏间的关系问题，有两点需要注意。

第一，不是所有的语言游戏都处于同一层次上，在它们当中，有一些更为基础，另一些则要依赖于其他游戏，是寄生性的。如果人们没有做出这种区分，那么就犯了某种"底层错误"（ground-

---

① 以上引号中文字引自韩林合：《维特根斯坦〈哲学研究〉解读》，第 1596—1598 页。

floor fallacy）。第二，在语言游戏中，人类的潜能和技术更为重要。也就是说，不能孤立地、抽象地理解语词。语词更重要的方面不是孤立的声音或形象，而是人类的一种能力，而对这一点的误解是某种"实际错误"（actuality fallacy）。在此基础上，他进一步提出，语言游戏间的关系可分为如下两种：一是横向关系（horizotal relations），指关于一个概念的语言游戏在诸多语言游戏中所处的位置；二是纵向关系（vertical relations），指诸语言游戏之间的依赖性关系。所有的语言游戏都在语言游戏的网络中占有自己的位置，并与另一些语言游戏相关联，但它们并非都处于同一层次上。纵向关系只适用于某些游戏之间。例如，如果有些游戏需要预设对另一些游戏的掌握，那么它们就处于一种纵向的关系中，后者可以说是前者的前提条件。此时，我们不能将它们放置在同一层次上加以考虑。①

也许我们有足够的理由不接受哈尔克的这些区分，或不使用相关的术语，但他的如下观点必须被重视：有一些语言游戏以对另一些语言游戏的掌握为前提。在本书所意图处理的那些问题中，我们将不可避免地谈到一种语言游戏同其他语言游戏间的关系。当然，这种关系不能被简单地理解为派生或寄生性关系，而是更为复杂一些。很多学者在处理哲学问题时，错误地理解了诸种概念或表达式之间的关系，这实际上就是犯了哈尔克所总结的那种"底层错误"，或是错误地将相似性理解为某种一成不变的共同之处。这一点在后文中还将多次谈到。

为了使随后的讨论更加顺畅，我们还有必要首先简要了解一下维氏后期哲学中其他几个相关的问题。它们的重要性并不亚于语言游戏间的关系问题。

第一个问题是维特根斯坦关于第一和第三人称表达式的区分。

---

① 关于此问题更详细的讨论，请参阅 Hark, *Beyond the Inner and the Outer* 一书的第二章 "Language－games as Context of Meaning"，尤其是第 33—35 页。

尽管从形式上来看，第一和第三人称表达式具有类似的形式（比如"我疼"和"他疼"），但它们各自的用法或意义却是完全不同的。从根本上来说，第一人称表达式是一种"表露"（Äußerung），而第三人称表达式则是一种报告（Mitteilung）。当一个人说"我疼"并伴随着相应的手势、姿势时，这实际上相当于一种源自疼痛的呼喊，只不过人类在掌握了足够的语言之后，用"我疼"这一表达式取代了呼喊。我们在判断一个第三人称现在时陈述时，需要观察相关人员的姿势、表情、行为等等，但对第一人称的陈述则不能这样做，因为它根本不是在报告某种可观察的情况——其实，它本身就是这种观察的对象。在本书所要处理的问题中，自然也涉及到如何观察被观察者的情况。不同的表达式对应着不同范畴的语言游戏，一旦混淆其中的差别，就会犯下相应的"语法错误"。

第二个问题涉及我们随后会谈到的一个核心概念，即"家族相似性"。相较于西方哲学传统中以柏拉图为代表的对概念中不变本质的追求，维特根斯坦更青睐于考察概念之间的亲缘关系，这种关系即家族相似性。在一个家族的各个成员中，我们很容易发现他们彼此间在外表上的差异和相似之处，但很难抽象出这样一种性质：它被所有的成员共同具有，因而是作为他们独特特征的东西。钟爱柏拉图传统的哲学家可能会主张，如同一个家族的姓氏是其标志一样，我们也可以找到一种所有家族成员都具有的性质，这种性质像家族姓氏一样，是一种特征标志。但在维特根斯坦看来，我们应当放弃这样一种传统，而像看待家族成员间既相似又有差异的亲缘关系那样来处理哲学上的问题，尤其是诸概念间的关系问题。这是一种类似歌德方法的形态学的研究，其最终目的是达到对诸概念的"综览"，而非抽象出某种本质。总而言之，各个语言游戏之间的关系正是这种家族相似性关系，这一点在我们以后的讨论中会发挥很重要的作用。

第三个问题是后期维特根斯坦的哲学风格。他后期哲学的转变不仅体现在基本立场、方法和论题上，还体现在写作方式上。在

《逻辑哲学论》中，他用言简意赅的命题从正面阐述自己的理论主张。而《哲学研究》则是一部带有问答形式的、富于启示性的作品。维氏已经不再试图对相应的问题给出某种确定的回答，而是尝试与自己的"对话者"进行问答。他或者提出问题，或者给出对这些问题的可能的解决方案，但鲜有十分确定的断言。这些对话全部以简短的评论形式呈现在数量庞大的手稿之中，令人不能不联想到苏格拉底提倡的"辩证法"和"助产术"。与前期的自信相比（相信自己完全解决了所有哲学问题），后期的维特根斯坦更看重通过自己的"对话"给人以启发，这一点也使得他的后期哲学保持着极大的开放性。尽管在关于心理学评论的手稿中，维氏的写作风格与《哲学研究》中最常见的对话方式有所不同——例如，他并没有设定一个不时出现的"对话者"，而更多地是在一些场合中自问自答——但这并不妨碍我们按照其后期哲学风格的总体倾向来理解这些评论。

第二节　维特根斯坦的心理学哲学

作为一名哲学家，维特根斯坦在后期并没有完成一部真正像样的作品，而是留给我们大量的手稿。这些手稿详细地记录了他各个时期思想发展的情况。我们在这些文献的基础上，可以充分地理解他每一个观点形成的复杂过程。不过，这也使得对他观点的准确把握变得格外困难。对我们所要讨论的关于"心理学哲学"的诸多评论而言，情况也正是如此。它们体现了维氏思想的脉络，却也使得他总体的主张变得有些模糊不清。

我们首先来大致看看他思想发展的历程。按照另一位非常重要的维特根斯坦专家 P. M. S. 哈克（Hacker）的意见，回到哲学后的维特根斯坦，在心理学相关领域研究中的思想脉络大致如下。

在《逻辑哲学论》中，维氏并未直接谈论与心理学有关的话题，但他关于语词和句子的意义、交流中的理解和意图等问题的讨论，实际上做出了某些关于心理学的隐藏的预设，或者说是暗中的承诺。随着他对《逻辑哲学论》体系质疑的深入，这些预设和承诺也逐步受到怀疑，并最终在他的后期哲学中被摒弃。

自《大打字稿》（TS 213）[①] 开始，维氏对心理学概念的认识便开始随着他对哲学的全面反思而发生变化。他逐渐认识到，"正如没有形而上学一样，也没有元逻辑；[②] 而语词'理解'、表达式'理解一条命题'也不是元逻辑的。它们和其他所有表达式一样，都是语言的表达式"。（TS 213 1）这意味着，他前期关于"理解"、"意义"、"释义"等基本概念的观点开始被重新审视。此外，他把通过诉诸心理过程来阐明上述语词的想法，排除在自己的考虑之外。在这个阶段，维氏逐渐意识到语言（主要是语法）在命题与事实之间所扮演的重要角色，这种角色改变了他看待心灵、世界、语言三者之间关系的视角——使得命题与事实、心灵与世界联系在一起的东西是语言，而非任何心理上的东西或元逻辑上的事项。在哈克看来，维氏在《大打字稿》阶段，澄清了自己同行为主义（他并不赞同精神性的东西可以还原为行为，因而不能被视为一个行为主义者）、二元论、心理学等思潮之间的异同，开始关注第一和第三人称表达式之间不对称性的本质、内部事项的外部标准、私人性的经验、私人实指定义等问题。这些澄清性的工作，奠定了他在《哲学研究》中独特的语言分析风格，预示了哪些话题会是这部著作的核心，而哪些话题会被排除在外。

在 1944 年后，他对心理学领域的理解进一步深入，开始涉足

---

① 《大打字稿》的时间跨度并不十分明确，从其中最早的评论出现的时间算起，其跨度约在 1929 到 1937 年间。如此长的跨度，恰好为我们把握他哲学思想发展的轨迹提供了很好的材料。参阅 *The Big Typescript* 中的 "Editors' and Translators' Introduction"。

② "形而上学"和"元逻辑"在德语中分别是"Metaphysik"和"Metalogik"，在英语中则分别是"metaphysics"和"metalogic"，前缀均为"meta"。亚里士多德的著作《形而上学》本意为"物理学之后的著作"，可见"meta"之本意大致为"……之后"。在汉语中，除"形而上学"外，当"meta"作为前缀出现时一般译为"元……"。维特根斯坦在这里显然暗指了这两个概念在词形上的相似之处。

对心理学现象的澄清、对心理学概念和相应的语言游戏间关系的分析等。应当注意的是，这些问题既与他后期哲学的总体框架有密切的关系，又带有相对的独立性。对这些问题的讨论，在他随后的岁月中几乎没有中断过，也构成了他人生中最后几年哲学生涯的重要组成部分。我们在本书中所要讨论的东西，其实主要是他在这个成熟阶段的思想。①

正是在这样的思想发展脉络中，格式塔心理学走入了维氏的视野。从 1946 年起，维特根斯坦开始在他的课堂上与学生们一同系统地讨论沃尔夫冈·科勒的《格式塔心理学》一书，这种课程一直持续到他在剑桥的最后时光。如果没有读到这本书的话，很难说他会如此多地关注本书试图处理的问题，即面相观看（Aspektsehen/aspect – seeing）和意义体验（das Erlebnis der Bedeutung/the experience of meaning）。不过，他对于心理学的兴趣却绝不仅仅来自科勒。从他的手稿以及学生们的笔记《维特根斯坦关于哲学心理学的讲座 1946—47》（*Wittgenstein's Lectures on Philosophical Psychology* 1946—47）中可以看出，他对心理学问题的兴趣是广泛的。其实，心理学本身就是一门脱胎于传统哲学的学科，时至今日，它的许多研究领域依旧同哲学的分支——比如心灵哲学——交织在一起。

刚才说过，维氏后期哲学的很多主张都有些模糊不清，不过，哈克帮助我们比较全面地总结了维氏心理学哲学的特征。这些特征可以帮助我们形成一种关于他这部分理论的大致印象。这些特征包括九点：

（i）没有理论存在（PU 109）；　（ii）没有论题存在（PU 128）；（iii）没有预设性的东西存在（PU 109）；（iv）唯一的解释是语法上的解释；（v）没有任何对视角隐藏起来的东西，在语法

---

① 以上内容请参阅 Hacker, "The Development of Wittgenstein's Philosophy of Psychology", 第 278—302 页。

解释或阐释中扮演了任何角色（PU 126）；（vi）心理学概念的语法中的所有东西，都如其所是地被保留下来（PU 124）；（vii）澄清的方法是描述性的（PU 109）；（viii）问题是通过整理我们已经知道的东西而得以解决的（PU 109）；（ix）语法评论的次序既不是任意的，也不是因人而异的，而是与问题相关的。①

自这段时间起，维氏写下了大量的关于心理学的评论，手稿总页数达 1900 多页。很多学者都试图梳理出维特根斯坦这些想法的源头。在这一点上，哈尔克总结了维氏心理学哲学在理论上的来源，并将其概括为三个出发点：第一，心理学上的意义理论（psychological meaning – theory）；第二，维也纳小组所讨论的两个问题，即物理空间和视觉空间的关系，以及唯我论和他人之心问题；第三，数学哲学。就本书的主题而言，后两个出发点与我们的讨论并不直接相关，第一点则是我们主要关心的。所谓心理学上的意义理论，主要指探罗素和奥格登 & 理查德斯的理论。讨论心理学问题的哲学家非常多，而维特根斯坦的一个直接对手便是罗素和奥格登 & 理查德斯的理论，他们的基本主张是这样的：一个语词的意义是该语词对心灵的心理作用（psychological effect on the mind）；而人们之间进行交流的可能性，就在于正确的联想（比如，罗素是这样定义语词的意义的：对心象和感觉的联想。）。②

但与《哲学研究》不同，维氏关于心理学的评论内容并不主要建立在对自己以往哲学的批判的基础上，而且与他之前所讨论的话题没有很多重合的部分。而且，尽管维氏在前期和中期都讨论到了与心理学有关的问题，但本书所要关注主要内容也并不源自他的前、中期哲学。准确地说，维氏是在广泛阅读了相关著作后，将关注的焦点锁定在了他认为重要的一些话题上，而一些心理学家则是

① 参阅 Hacker，"The Development of Wittgenstein's Philosophy of Psychology"，第303—304 页。括号内为相关的《哲学研究》的评论编号。

② 关于以上内容更详细的讨论，请参阅 Hark, *Beyond the Inner and the Outer*，第26—28 页。

他在理论上的主要对手。这些材料就包括我们刚才提到的科勒的心理学著作，而他也"有幸"成为了维氏主要的标靶之一。

但是，与心理学家相比，维特根斯坦关注心理学问题的角度却是十分独特的，这一点从他使用的术语中便可见一斑。尽管在上一段提到的那部笔记中，学生们将他研究的学问概括为"哲学心理学"（Philosophical Psychology），但他自己却使用了"心理学哲学"（die Philosophie der Psychologie）一词来指代相应的研究。在手稿原文中出现的、与之在语法和语义上都类似的术语"psychologistische Philosophie"，最早见于手稿 MS 107：235。关于这个名词的含义，我们可以参阅如下解释：

> 在此我们要区分开心灵哲学和心理学哲学。心灵哲学讨论的是心灵的本性、心灵与身体、大脑和外部世界的关系等等，而心理学哲学讨论的则是心理学研究中的一些方法论问题，其基本概念之间的联系和区别，特别是其所包含的概念混乱。就心理学哲学而言，后期维特根斯坦所从事的工作主要是相关的概念的澄清工作。①

这段解释明确地告诉我们，在维特根斯坦使用这个词的意义上，心理学哲学既不同于心灵哲学、又不同于作为现代科学的心理学——它处理的是关于心理学基础的问题。

这或许会令我们想到维氏的另一个研究领域，即关于数学基础的研究。在著名的《关于数学基础的评论》（*Bemerkungen über die Grundlagen der Mathematik*）② 一书中，他试图用"遵守规则"的方案来回答有关数学基础的问题。然而，数学基础问题并不等同于数

---

① 　韩林合：《维特根斯坦〈哲学研究〉解读》，第 1549—1550 页。
② 　在商务印书馆 2013 年出版的维特根斯坦文集中，本书名称被译为《数学基础研究》。

学问题。它是哲学家们对于数学本质的一种追问，并常常被数学家所忽视；它一般不涉及数学研究中的具体成果，而只处理框架性的论题；它的研究方法也并非数学式的，而是哲学式的。

在此，我们可以对比一下伯特兰·罗素和阿尔弗雷德·诺斯·怀特海在二十世纪初的工作。1910 到 1913 年间，两人合写的三卷本《数学原理》陆续出版。在这本书中，两位哲学家利用逻辑工具将数学还原为逻辑。这种还原分两步进行，一是将高等数学还原为算术，二是将算术还原为逻辑。第一步工作在本质上取得了成功，而在第二步工作中却出现了著名的"罗素悖论"。为了应对这个困难，罗素又进一步发展出类型理论。① 我们无意在此对这项还原工作的最终成败做出理智上的评判，但可以看到的是，哲学家关注的问题与数学家是有本质区别的。前者关心数学是分析的还是综合的（在康德使用这两个术语的意义上），是否可以还原为基本的逻辑规则或某些公理的集合，是否有遵守规则之类的活动作为其前提条件；后者则主要关心数学这个领域内的具体问题。哲学家们往往不太乐于在一个既定的框架内工作，而是倾向于从框架之外或是就框架本身展开工作。维氏所谓的"基础"，在此意义上可以被理解为一门学科的框架，他的评论也是从框架之外或针对这个框架本身而展开的。

与关于数学基础的哲学研究相类似，"心理学哲学"一般也并不涉及心理学中的具体成果。用德国的维特根斯坦专家约阿希姆·舒特（Joachim Schulte）的话说，按照维氏的理解，这个名词所指代的研究，侧重于心理学"基本概念之间的联系和区别"以及"相关概念的澄清工作"；而处理这些问题的方法，并非心理学家所仰仗的实验或行为观察，而是通过考察语言游戏来进行心理学诸

---

① 关于这部分问题的详细讨论，请参阅 Soames, *Philosophical Analysis in the Twentieth Century* 一书的第一卷第六章。

概念的分析，进而澄清概念间的联系。① 这种方法论上的差异，也可以帮助我们进一步地将哲学与其他学科（数学、心理学等）区别开来。

概言之，心理学哲学其实就是关于心理学基础的哲学（类似于关于数学基础的哲学研究），其主要工作是对心理学涉及的诸多基本概念进行澄清，目的是消除其中的概念混乱，并最终达到对诸概念的综览。就其研究任务和方法而言，心理学哲学不属于心理学范畴，而是属于哲学范畴；但就批评心理学家所犯的语法错误和概念混淆而言，它又与心理学的整体框架密切相关，有些时候甚至还关系到一些争论不休的具体难题（比如面相观看问题）。当心理学家们由于误解自己工作的本性而陷入某些混乱中时，心理学哲学的价值就凸显了出来。这种价值得益于维特根斯坦整个后期哲学在思考深度和研究方法上的巨大贡献。

不过，这是否意味着，维氏的评论对于心理学家们来说是可有可无的呢？毕竟，在很多科学家看来，哲学家的工作有时往往只是一个外行的呓语，而实验科学与哲学处理的本就不是一回事。尽管应当承认，两种研究有着本质上的差异，但恐怕不能简单地切断二者间的联系，尤其不能简单地否认哲学研究对具体的科学研究的意义。很多心理学家和数学家甚至从未考虑过自己学科的"基础"问题，但哲学家却不能不关心这一点，即便这种研究可能并不直接与学科中的任何具体成果相关，哲学家也无法克制自己进行探索的冲动。这种看似有些"庸人自扰"的研究，恰恰反映出哲学的本质，就像它要对我们生活于其中的、看似平淡无奇的世界和现象进行追问一样。这种追问很多时候与具体学科的研究实践无关，但我们却不能就此否定它的巨大意义。这是因为，首先，很多具体的研究问题都预设了相应的理论前提，这些前提往往又难以通过实验等手段来验证，这时，哲学问题的重要性就显而易见了；其次，很多

---

① 　参阅舒特（Schulte），*Experience and Expression*，第 11 页。

学科的进步都离不开革命性的思维变化，而这种变化的动力往往需要深入的哲学思考。这就好比那些生活在高耸入云的大厦顶端的人平常丝毫不会想起深深植入地下的地基，可一旦当大楼开始摇晃的时候，地基的重要性就会被意识到。

心理学大厦基础的不稳固，并非源自心理学家能力的缺陷或实验手段的不足，而是源自他们对自身工作本性的误解。可惜的是，在维特根斯坦看来，持这样误解的人绝非少数。我们本书的主角之一科勒就是其中的代表。

在科勒看来，心理学当时面临的所有困难的根源在于，它还是一门"年轻科学"。这是任何一门科学都必须经历的艰难阶段，即使是作为心理学榜样的当代物理学，也经历了一段相当长的历史，才达到了它今日的成就。在物理学的起步阶段，研究的中心是质的研究，而非量的研究。事实上，物理学中受到推崇的间接的和定量的方法，依赖于对质的类型的区分。简单地说，质的研究是量的研究的基础——如果没有早期物理学中大量的对于质的研究的讨论，量的研究就不可能建立起来。例如，卡文迪许在测试电流时，将电极接在自己身上，并用自己的体验来验证电流的大小。所以，科勒断言说，今日我们所羡慕的客观而精确的物理学研究方法，"多数情况下仅仅是那些基础性的自由的和直接的观察的精炼或最终结果"。① 正是基于这样的认识，科勒才声称，作为年轻科学的心理学，应当学习当年也曾处于年轻科学起步阶段的物理学，把质的而非量的研究放在首位。②

这种看法代表了相当一部分心理学家的思路，但在维特根斯坦看来，这样的思路完全是一种误解的结果。这种误解并非某种具体主张上的错误，而是对学科自身研究对象的一种混淆。解决这种混淆的途径其实只有一种，那就是澄清与之相关的基本概念，从哲学

14

① Köhler, *Gestalt Psychology*，第 42 页。
② 同上书，参阅第 46 页。

上（对维氏来说主要是从语法上）分析其用法。

　　本书所要处理的问题，正是心理学大厦基础中的问题，也是维特根斯坦心理学哲学中独特的话题。概言之，我们的任务是澄清与"面相观看"和"意义体验"相关的心理学概念。为了完成这项任务，我们不仅要遵循心理学哲学的基本原则，还必须考虑维氏后期哲学的大背景（即上一节所介绍的基本倾向），在这个背景中理解上述两个概念。而且，如哈克指出的那样，维氏的心理学哲学与其后期哲学的总体是密切相关的。我们的讨论也会涉及维氏后期哲学的其他一些基本问题，随着本书的推进它们之间的相关性将显得愈加重要。

15

第三节　心理学中的语言混淆

　　前面说过，心理学大厦基础的不稳固，源自心理学家对自身工作本性的误解。在维特根斯坦看来，这一点其实与其中被使用的建筑材料——心理学概念——有密切的关系。当我们谈论到心理学的研究对象时，一般都会列举出如下这些概念：体验（Erlebnis）、经验（Erfahrung）①、情绪（Gemütsbewegung）、印象（Eindruck）、思想（Denken）、信念（überzeugung）、感觉（Sinnesempfindung）、想象（Vorstellung）等。显然，所有这些概念都是日常生活中的概念，其中充满了模糊性和不确定性。如果在使用它们时不加以注意，以为它们有一个确定的、严格的意义，那么我们就很容易陷入

---

　　①　在英语世界的讨论中，一般将德文的"Erlebnis"译作"experience"（中文一般对应地翻译为经验），而将"Erfahrung"译为"undergoing"。很多情况下这两个词都被解释者们被不加区分地使用。但从 BPP I 836 对心理学概念分类的讨论中可以看出，"Erfahrung"是"Eelebnis"的一个子类。后者是所有心理现象中最大的类，前者则是比如"想象"（Vorstellung）这样的活动，与情绪和信念并列。本书一般将"Erlebnis"译为"体验"，而将"Erfahrung"译为"经验"，以示区别。但在某些不重要的语境中笔者也会忽略这一点，特别是在翻译英语世界相关讨论中的"experience"一词时，也会将其译为"经验"。

混乱之中。至关重要的是，在这些问题上，实验手段也尢助于对心理学诸概念的澄清，因为这里所要处理的是一些概念之间的关系或相应的语义上的问题。我们需要的显然是另外某种手段。①

维氏所提议的处理这些问题的手段，与其他很多哲学家不同。他常用作画来比喻自己的哲学工作，并以印象派画家自诩。作为"印象派哲学家"，自己的任务.在于展示日常生活中看待事物的方式，把不必要的细节暂时排除在考虑之外。用舒特的话总结说，维氏的这种工作是描述性的。与印象派相对的传统画法则忽略这一点，重视和突出细节，因而是解释性的。② 但是与绘画中的情况一样，展现这一日常的、自然的方式所需要的方法和技巧，却并不是那么日常和简单。与印象派的画法类似，维氏的哲学方法是极为复杂、精巧的。如同歌德所提出的那样，这种方法既不是要给出相应概念的历史起源，也不是对其做出一种林奈式的（Linnaean）分类，而是要给其一种综览。

这里所说的"综览"有着自己独特的含义。它并不意图给出对相关学科的全景描绘，而是要描述性地呈现出其中的基本概念，以及概念间的相互关系。就上述那些心理学概念而言，维氏评论说：

> 体验这个概念：类似于关于发生、过程、状态、某物、事实、描述和报告的概念。在这里我们意指的是，我们站在坚实的基底上，而且这比所有特殊的方法和语言游戏都更加深刻。但这些最一般的语词恰恰也拥有一种最模糊不清的意义。它们实际上与无数特殊的情形联系在一起，但这并没有使它们更牢固，而是使得它们更不稳固。（BPP I 648）

① 参阅 Schulte，*Experience and Expression*，第 79 页。
② 同上书，参阅第 26 页。

为了对这种不牢固、不稳定的概念进行一种综览，我们需要对其进行充分的比对和分类，以厘清它们相互间的关系，避免各种成问题的预设被带入进一步的讨论中。体验、经验、情绪、印象、思想、信念、感觉、想象等概念，是心理学不得不处理的对象，而心理学哲学的任务就是澄清这些概念的含义。这正是维氏投入了很大精力的工作，但也是十分艰难的工作，难以直接达到令人满意的程度。维氏在《心理学哲学评论》的两卷（BPP I 和 BPP II）中，分别做出了两次不同的心理学概念分类尝试。作为一位"印象派画家"，维氏所做的这两种尝试间的关系是并行的。也就是说，他按照两种彼此相并列的方式来划分心理学概念，而且没有简单地断言孰优孰劣。关于这两次尝试，舒特为我们提供了两幅不同的概念图表。

第一张图表如下：

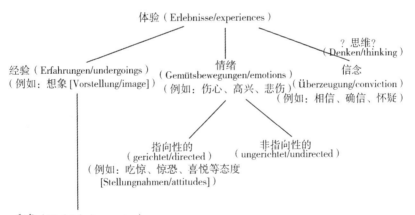

（对应出处为 BPP I 836，图表引自 Schulte, *Experience and Expression*，第 28 页。原文中标示为"FIG. 1"。）

关于第一张图表中的划分方式，维氏本人在手稿中的原话如下：

我可以把整个心理领域称作是"体验的"吗？那么所有与

心理有关的动词都是"体验词汇"（体验概念）。它们的特征是，其第三人称表达式可以在观察的基础上被说出，而第一人称则不能。这种观察是对行为的观察。体验概念的一个子类是"经验概念"（Erfahungsbegriffe）。"经验"有持续性，有一个过程；它可以是恒定地（gleichförmig）或不恒定地进行着。它有强度。它不是思想的特征。想象是经验。经验的一个子类是"印象"。诸印象彼此间有着空间和时间上的关系（Beziehungen）。有混合印象（Mischeindrücke）存在。例如，气味、颜色和声音的混合。"情绪"属于"体验"，但并不是"经验"。（例如：悲痛、高兴、悲伤、喜悦。）人们可以辨别"指向性的情绪"和"非指向性的情绪"。情绪有持续性；但没有地点；它有独特的经验和思想；它有一种独特的模仿式的表达式。思考是特定情形下的说话，以及其他那些与之相符合的东西。情绪给思想上色。"体验"的另一个子类是各种形式的"信念"。（相信、确信、怀疑等。）对它们的表达是一种对思想的表达。它们并不是思想的"颜色"。人们可以把指向性的情绪称作"态度"。吃惊和恐惧是态度，赞美和享受也是。（BPP I 836/MS 134：42［18.3.47］）

维氏在这里做出的阐述相对比较清晰。他事实上对自己提出的设问"我可以把整个心理领域称作是'体验的'吗"给出了肯定的回答，并对作为最大的类的"体验"概念做出了进一步的划分。他用我们在前一节提到的第一和第三人称表达式来刻画所有体验概念的特征。如之前所说的那样，涉及心理学概念的表达式既可能是第一人称的，也可能是第三人称的；这些表达式之间的区别，表明了观察在其中所扮演的不同角色。因此，尽管并不是绝对的，但第三人称现在时的句子是报告（Mitteilung），而第一人称现在时的句子则是表露（Äußerung）。（参阅 BPP II 63/Z 472，483，621/MS 136：3b—4a［18.12.47］）

　　就体验下属的三个子类而言，"经验"、"情绪"和"信念"有各自的特征，但并没有某种一贯的标准来区分它们。例如，"经验"和"情绪"都有一定的持续性，而作为"经验"之子类的"印象"中则有某种空间关系，但"情绪"中却并没有这种关系；可所有这些都与"信念"没有直接的联系。此外，由于维氏本人对"思维"的地位语焉不详，舒特也不确定它的角色，所以在图表中加上了"?"表示存疑。"思维"不同于"思想"，前者主要指一种心灵活动，后者则主要是该活动的对象。就"特定情形下的说话"这句话来看，"思想"这个概念似乎并不与三个子类处于并列关系中，更有可能指的是一种比较复杂的复合物，是不同子类相结合的产物。

　　维氏的这种划分是很不严格的，并没有达到一种他所提倡的"综览"。正因为如此，他在随后不久便又提出了另一种尝试。而舒特对此提供的第二张图表是这样的：

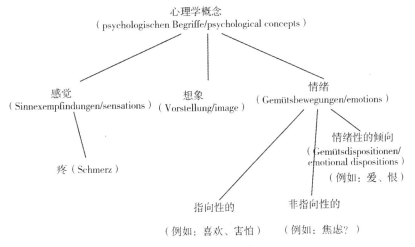

（对应出处为 BPP II 63，148；图表引自 Schulte, *Experience and Expression*，第31页。原文中标示为 "FIG. 2"。）

　　与对第一种分类所做的表述相比，维氏对第二种尝试中细节的表述要更散乱一些，需要我们用比较清晰的语言加以转述。尽管划分子类的方式不同，但这张图表同样考虑到了第一和第三人称表达式的区分，维氏仍然强调："心理学诸动词的特征在于，第三人称现在时是通过观察（Beobachtung）被确定的，而第一人称则不是。"（BPP II 63/Z 472，483，621/MS 136：3b—4a［18.12.47］）

在这种划分方法中，最大的类变成了"心理学概念"。尽管术语不同，但这与"体验"并无本质区别。其下的三个子类是"感觉"、"想象"和"情绪"，而有争议的"思维"不再被提及。如果考虑到第一种划分中所断言的"想象是经验"，那么两种划分方式在子类上的差异，主要就在"感觉"这一项上。在第二种分法中，"感觉"的特征被界定为有真正的持续时间，可能同时发生，且有程度上的差别和质量上的混合；而它最重要的作用是让我们认识外部世界。与最后这一点相比较而言，"想象"则是无所谓对错的，因为它并不提供关于外部世界的信息。而且，"想象服从于意志（dem Willen unterworfen）"。换言之，我们可以执行"想象这幅图像！"这条命令，但不能执行"看这幅图像！"的命令。（参阅 BPP II 63/Z 472，483，621/MS 136：3b—4a［18.12.47］）。至于对"情绪"特征的刻画，与第一种划分相比并无差别，它只是进一步地被划分为三个子类："指向性的情绪"、"非指向性的情绪"和"情绪性的倾向"。"指向性的情绪"有自己的对象，"非指向性的情绪"则没有。前者的例子是"恐惧"，后者的例子则是"焦虑"（Angst）。而所谓"情绪性的倾向"指的是爱和恨这样的事项。（参阅 BPP II 148/a—f：Z 488，g—i：Z 489，j：Z 490，k—l：Z 491，m—p：Z 492/MS 136：27b—28b［24.12.47］）

无论如何，如舒特所指出的那样，维氏对这些概念进行分类所做的两次尝试都是不尽如人意的，至少有很多地方有待进一步澄清。他对最大的类之下的子类的划分显然是有争议的。一则，这些子类并没有覆盖所有的心理学概念；二则，对它们而言，并没有一条或一些明确的、一以贯之的界定标准存在。对子类之下的类的划分来说，也同样如此。尽管维氏并没有最终给出一种令人满意的分析，但是，我们还是可以从中看出一个更为重要的哲学问题，即心理学概念与其他自然科学概念有着某种本质上的区别。

心理学概念之间的关系之所以难以确定，并不是因为它们对于人类理智而言过于精妙复杂。实际上，我们在日常生活中都在轻松地使用着这些词汇，对它们的把握也没有什么困难可言。但正是日常概念的模糊性，使得我们在寻求一种含义明确、界限清晰的科学概念时遇到了困难。一个日常语词或短语的意义，往往并不如哲学家或科学家所设想的那样明确。例如，传统的堆垛悖论（Sorites paradox）以及当代关于这个悖论和模糊性（vagueness）的讨论就告诉我们，一些像模糊谓词（vague predicates）这样的语词，其含义往往是不清晰的。尽管这里谈及的心理学词汇并不如模糊谓词那样极端，但与真正精确的科学概念相比，如果我们未加批判地将它们用于科学研究，就难以避免会陷入各种困难之中。

我们以被科勒奉为典范的物理学为例。物理学同样使用很多日常概念，但却将它们的意义限定在一个比较明确的范围内。例如，尽管我们在日常生活和物理学研究中都使用"热"这个概念，但其含义是不尽相同的。在物理学研究的范畴内，什么叫做"热"，这是有着清晰和准确的界定的，从原则上说，这种"热"可以还原为分子的运动。但日常生活中的"热"概念则不同，相比之下，它的含义要模糊得多。"时间"这个概念同样如此。物理学上所谓的"时间"有着精确的界定，从原则上说指的是物质的一种性质。但日常生活中的"时间"则可以有着更为含混和复杂的含义，哲学上的"时间"概念也同样如此。比如，康德在"先验感性论"中对"时间"的界定就不能直接等同于物理学中的时间；我们在生活中也会在对时间的谈论中涉及个人对时间流逝的心理体验，而严格来讲这也不属于物理学的范畴。

心理学概念并不像物理学概念那样明确。无论采取何种划分方式，其中的每一个概念几乎都是我们在日常生活和哲学讨论中会经常使用到的。它们在不同的语境或不同的使用者那里，可以有不同的意义或指称。正如维氏评论的那样，心理学的处境与物理学完全不同：

> 那些心理学的概念恰恰就是日常的概念。并不是科学为了自身的目的而新构造的概念，就像物理学和化学概念那样。这些心理学概念与那些严格的科学概念之间的关系，就像是那些科学的医学概念与投身于病人护理的老妇人的概念之间的关系一样。(BPP II 62／MS 136：2b)

> 心理学的混乱和贫乏不能通过它是一门"年轻的科学"这点来解释；它的状况不可与物理学的状况，比如在其初期时，加以比较。(不如将其与数学的某些分支的状况加以比较。集合论。) 因为在心理学中存在着实验方法和概念混淆。(正如在另一种情形之下存在着概念混乱和证明方法一样。)

> 实验方法的存在使我们相信，我们拥有摆脱令我们不安的问题的手段；尽管问题和方法因角度不对而彼此错过了。(PU 580)

那么，是不是有这样一种可能呢：我们完全抛开这些含混的概念，引入像物理学那样精确的术语（比如粒子、中子等等），进而将心理学完全转变成为一门关于神经系统活动的科学？乍一看，这种设想似乎颇具吸引力，但仔细思考一下就会发现，关于神经系统的科学并不必然等同于心理学。如果我们要将二者等同起来，那就必须假定，所有的心理现象全部可以还原为神经系统活动。然而，这恰恰是一条哲学上的假定，属于哲学而非科学问题。因此，在以科勒为代表的心理学家走入实验室并投身于繁忙的工作之前，他们的工作中就已经埋藏下了一些可能带来严重理论灾难的祸根。科勒等人自信地认为，随着学科自身的发展和实验手段的进步，眼前的理论困难最终都会被逐一克服。但本节的分析告诉我们，在心理学家们试图说出每句话之前，包含在被说出的句子中的那些心理学概念，已经以一种只有在哲学视角下才能被看到的方式起作用了。换言之，这是一种只有在哲学视角下才能被看到的"疾病"。"概念混淆"正是哲学家维特根斯坦对这些"疾病"所做的"诊断"，"概念澄清"则是他开出的药方；而心理学家科勒可以做的选择是，是否谨遵医嘱。我们在本书中的全部讨论，可以说都是围绕着这种"诊断"展开的。

第四节　本书依据的文献及研究方法

　　至此，在开始全部正式的讨论之前，我们有必要暂时离开一下维特根斯坦复杂的哲学思想，而将注意力集中在本书的总体目的和基本方法上。

　　在关于维特根斯坦的研究中，存在着这样两种基本倾向：一种是以他已出版的著作及数量庞大的手稿为基础，阐释或重构他本人的学说；另一种则是对维氏富有启发性的哲学评论加以引申或发挥，进而构建自己的理论，这种理论离维氏的本意往往已相距甚远。当然，关于任何一位重要哲学家的研究，似乎都不可避免地同时存在着这两种不同的倾向。不过，这两种倾向在维氏那里尤其显得大相径庭，这大概是因为他的著作本身充满了混乱和模糊性，其中的评论极富启发性却又极其简短，因而有着极大的开放性。比如，索尔·克里普克对"遵守规则"问题的解释就是第二种倾向的杰出代表，大家为了将这种解释同维氏本人的思想区别开来，不得不使用了"克里普克斯坦"这样的标签。

　　在本书的研究中，笔者会比较明确地沿着第一种倾向的方向前行，但也会充分吸收第二种倾向所提供的任何积极成果。这既取决于笔者自身研究的旨趣，也囿于个人能力之所限。也就是说，本书的主要文本依据将会是维氏遗留下的数量庞大的手稿，而非他人所做的某些极其精彩但数量有限的阐发。

值得庆幸的是，相较于"遵守规则"或"私人语言"这样的核心问题，维氏关于"面相观看"和"意义体验"问题的手稿要集中得多。按照冯·赖特（von Wright）对维氏手稿编号时所采取的体系，相关的文本集中于 MS 129 到 MS 144 之中，其中相当数量的评论被编入两卷本的《心理学哲学评论》（*Bemerkungen über die Philosophie der Psychologie*，缩写为 BPP I 和 BPP II）、两卷本的《关于心理学哲学的最后著作》（*Letzte Schriften über die Philosophie der Psychologie*，缩写为 LS I 和 LS II）、《字条集》（Zettel，缩写为 Z）以及《哲学研究》的第二部分当中。在这些出版的著作中，BPP I 对应于 MS 130 到 MS 135，BPP II 对应于 MS 135 到 MS 137，LS I 对应于 MS 137 到 MS 138，而最为重要的《哲学研究》第二部分（主要是第十一大段，缩写为 PU II xi）基本上全部出自 MS 137 和 MS 144。[①] 这些评论的最早时间可以上溯到 1944 年 8 月间，最晚则到延续至维氏逝世前不久，其中最重要的部分写于 1946 年 8 月到 1949 年 1 月间。

在本书的研究中，笔者会以上述几部出版的著作及其相应的手稿为基础，解释和重构维氏在"面相观看"和"意义体验"问题上的理论。尽管这种重构未必会完全符合维氏的本意，但也不会偏离他所追求的目标过远。处理这些手稿时，最大的障碍莫过于维氏在表述上的模糊性。比如，对于一种观点，他本人究竟是赞同还是批判，往往难以从文字中直接把握到。他时常采取疑问句但又不给出确定的回答，或是刚刚肯定过某种说法而又在下文中加以否定，这使得学者们常会为维氏本人究竟持何种立场而争论不休。事实上，由于手稿不是准备出版的著作，他本人可能都没有想好应当如何回答自己提出的问题，因此，我们也不能简单地认为某种说法是"正确的"或是符合维氏的本意的。更为恰

---

① LS II 比较特殊一些，它是包含 MSS 169、170、171、173、174 和 176 的合集，篇幅都很短。由于其中鲜有与本书的讨论相关的内容，所以很少被引用到。

当和可行的做法是，沿着他所开辟的道路小心摸索着前进，在不违背他直接表述的前提下，对相关的问题给出尽可能前后一致的回答。

在这方面，很多研究者为我们做出了榜样，他们提供的解读和回答都是极具启发性的。必须提及的是几部解读维特根斯坦后期哲学的典范著作。

首先是牛津大学的哈克教授关于解读《哲学研究》的四卷本巨著《对〈哲学研究〉的分析评论》（*An Analytical Commentary on the* Philosophical Investigations）。这部与另一位专家贝克（G. P. Baker）合作完成的著作，采取注释和论述相结合的方式，对《哲学研究》第一部分的全部评论做了详细的解释。对本书而言，这部著作唯一的遗憾之处是没有专门讨论《哲学研究》的第二部分。①

另一部重要著作是之前提到的哈尔克的《超越内与外》。这本书较为全面地讨论了维氏心理学哲学的几个最重要的方面，而且，其中第六章是专门处理面相观看问题的。更为重要的是，哈尔克将派生意义问题与面相问题联系在一起加以讨论，这是与笔者的研究思路完全一致的。

第三部典范的专著就是舒特的《体验与表达》（*Experience and Expression*）。相较于《超越内与外》来说，舒特的专著更细致地深入到维氏心理学哲学中的具体论题中，论及表达、经验、记忆、情感等概念，并将摩尔悖论包括进来。导论中我们对心理学概念的初步把握，正是在这本书的指引下进行的。

在中文文献方面，本书所依据的主要材料是韩林合老师的两卷本《维特根斯坦〈哲学研究〉解读》，以及商务印书馆·2013年版

---

① 现在一般认为，《哲学研究》的主体就是其第一部分，一般所谓的"第二部分"完全是相独立的、以心理学哲学为主题的另一份材料。商务印书馆2013年版的《哲学研究》译本中已经去掉了这一部分。

的《逻辑哲学论》和《哲学研究》的新译本。①

至于其他二手文献方面，在斯蒂芬·穆哈于 1990 年发表他的《论世界中的存在》（*On Being in the World*）一书之前，还没有一本关于相关问题的专著，这不能不说是对维氏哲学资源的一种浪费。不过时至今日，这种尴尬局面终于开始改观。相对于"遵守规则"和"私人语言"等问题来说，尽管学者们对"面相观看"和"意义体验"问题的关注显得有些不足，但还是有越来越多很有价值的专著专文出现。比如，在德语世界，有刘畅于 2007 年出版的博士论文《维特根斯坦论面相观看》（*Wittgenstein über das As-pektsehen*）；在英语世界，则有杰尼特·迪尼莎克（Janette Din-ishak）于 2008 年完成的博士论文《维特根斯坦和科勒论看与看到面相：一种比较研究》（*Wittgenstein and Köhler on Seeing and Seeing Aspects：a comparative study*）。此外还有贾斯丁·古德（Justin Good）于 2006 年出版的关于维氏哲学和当代感知理论的著作《维特根斯坦和感知理论》（*Wittgenstein and the Theory of Perception*），约翰·威尔第（John Verdi）于 2010 年出版的新书《肥胖的星期三：维特根斯坦论面相》（*Fat Wednesday：Wittgenstein on Aspects*），以及威廉·代伊（William Day）和维克多·克莱勃斯（Victor J. Krebs）于 2010 年编辑的论文集《维特根斯坦新谭》（*Seeing Wit-tgenstein Anew*）。这些著作的出现，不仅将"面相观看"和"意义体验"问题的讨论带到了一个新的层次上，而且也极大地推动了关于维氏心理学哲学的系统研究。与这些专著和论文集相比，相关的文章更是不胜枚举。

所有这些研究的贡献及优劣，我们不在这里一一例举，而是放在全书的具体研究中来加以引用和评判。不过，所有研究者都面临

---

① 本书中关于《哲学研究》第一部分的译文直接引自这个新的译本，关于维特根斯坦其他著作的译文（包括《哲学研究》的第二部分）则由笔者本人译出。以下不再一一赘述。

着这样一种难题：因为维氏的批评较为深入地涉及了心理学的专业领域，所以大家时常会在哲学和心理学这个两个完全不同的学科领域之间摇摆不定。一些比较坚定维护心理学合法性的学者（比如尼古拉斯·帕斯托［Nicholas Pastore］）会认为，维氏不过就是一个对科勒理论妄加评论的门外汉。而另一些追随维特根斯坦的学者，则只是简单地从科勒的著作中摘引出只言片语加以批驳。这种学科间的隔膜，已经在某种程度上阻碍了该领域研究的进步，也使得我们很难深刻地理解维特根斯坦相关手稿的哲学意义。

　　事实上，如同我们在上一节中已经指出的那样，维氏的"心理学哲学"与他关于数学基础的评论一样，本身不属于心理学或数学，而是一种关于相关学科之"基础"的研究。维特根斯坦本人也从未试图直接逾越到心理学的宫殿中，去对那里的臣民们指手划脚。他的工作是一种"治疗型"的哲学——也就是说，只有当你意识到好像出了些什么问题的时候，才能开始明白它的意义。在心理学领域内，对于某些独特的感知的问题，格式塔心理学家同他们的理论对手进行了长久的争论，却无法在争论的废墟之上建立起积极的成果。这时，维氏对相关问题的"语法研究"就显得尤为重要。在他看来，产生这种喋喋不休的争论的根源，并非心理学家们智力上的缺陷或实验手段的不足，而在于他们根本误解了自己的工作所要处理的对象，以及自己工作的任务。这是一种"语法错误"，不是靠改进实验或修正具体的理论就能解决的。

　　考虑到上述所有这些正面的成果和负面的经验，本书决定首先对科勒本人关于"感觉组织"的理论给予足够的关注。我们将花费整整一章来处理其主要著作《格式塔心理学》的相关部分（主要是该书的第二到第六章）。而且，为了能够准确地理解科勒理论的来龙去脉，我们还必须简要了解一下格式塔心理学的基本情况，以及科勒主要对手的主张。因此，行为主义、内省主义以及威廉·詹姆士等人的学说，在第一章中都会被提及。尽管本书是一篇关于维特根斯坦哲学的著作，但对科勒的研究不仅是有益的，而且也是必不可少的，离开它我们就很难理解维氏所有批评的真正用意。而且，这些工作对补充关于格式塔心理学的研究而言，可能也会有一定的价值。

在充分阐述了科勒以及其他一些重要的心理学家对相关问题的解释之后，从第二章开始，我们会逐步进入到维氏本人的学说，这种探究会一直持续到全书结束。由于本书并不旨在对维氏凌乱的手稿做出一种类似注疏的解释学整理，因此，全部后三章在结构安排上将完全打乱维氏手稿中诸评论的顺序。对笔者来说，这些评论仅仅是未经处理的"材料"。当然，这并不意味着对其中时间顺序和其他论证线索的忽视。比如，尽管维氏在《哲学研究》第二部分第十一大段一开始就提出"看"的两种用法，并且似乎以此为基础来批评诸位心理学家；但在本书中，我们将努力探索，维氏究竟为什么提出"看"的两种用法，以及为什么说这两种用法有着"范畴上的"不同。"看"的两种用法的提出本身是需要辩护的，而不是作为某种未经批判的假定存在。这种辩护以维氏对各种具体的语言游戏的分析以及对诸位心理学家著作的解读为起点，最终又以批评已有的心理学理论为目的。可以说，"看"的两种用法的区分，是解答相关问题的关键一步。本书第二章的主旨就在于呈现维氏对"看"的两种用法的论证，这其中既包含他对科勒和詹姆士等学者的批评，也包含他对相关讨论的基本框架的建构。

在第三章，我们会从正面阐述维氏对"面相观看"问题的解释，并阐述与之相关的究竟是什么样的语言游戏。第四章则会过渡到另一个问题，即对语词意义的体验。对面相的看与对语词意义的体验之间有着极大的相似性，这一点也体现了某些更为深刻的问题。在维氏看来，这些问题不仅涉及心理学或感知领域，而且关乎人类经验的诸多方面。这将我们带向了关于面相盲、意义盲、遵守规则等更为普遍和深刻的话题。

一些并未完全理解维氏批评的心理学家们不会甘心屈从于这些批评，他们要从哲学的炮火下拯救心理学研究的成果。但经过考察后我们会发现，这些人的看法，往往基于对维氏的误解，尤其是对其基本立场和方法的误解。在澄清这些误解之后，我们或许能够以更为超脱的心态看待哲学和心理学之间的持久论战。

本书主要致力于澄清维氏的论证结构及理论诉求，而并不意图得出某种普遍的信条，也不意图对心理学的具体研究说三道四。所以，本书意图保持某种开放性的结论。在科学繁盛的今日，我们没有必要一味去为科学研究锦上添花；相反，对已经日渐没落的人文领域投射更多的关注，倒是件雪中送炭的好事。在本书的末尾，我们就将阐释一下，维氏的评论是否有助于满足我们在科学之外的诉求。

无论最后的结果是否令人满意，我们都必须小心谨慎地走完这段探索维特根斯坦哲学宝藏的旅程。如同前面所说的那样，旅程的起点，将会是格式塔心理学这个让哲学家感到有些陌生的领域。现在，是时候让我们进入第一章的讨论了。

第一章 心理学家对相关问题的讨论

第一节 格式塔心理学的背景

作为一个现代心理学中的学派或思潮，格式塔心理学（Gestalt psychology）产生于 19 世纪末、20 世纪初的德国。一般认为，它由马克斯·魏特海默（Max Wertheimer）、库尔特·考夫卡（Kurt Koffka）和沃尔夫冈·科勒（Wolfgang Köhler）三位学者共同创立。这三人在 1912 年左右组建了第一个格式塔心理学学派——柏林学派。后来受二战影响，这个学派逐步转移到美国，并在战后依旧在全世界保持着相当的影响力。这个全新流派的出现有着丰富的科学文化背景，它自身也有着深厚的学术理论传统，因此，在开始全文研究之前，我们有必要概览一下这些背景和传统。

在格式塔心理学的出现过程中，19 世纪末 20 世纪初德国独特的学术和文化氛围起着微妙的催化作用，这可以说是它成长的土壤。从更为传统的观点看，心理学可以被认为是哲学的一个分支，而不是像现代那样是一门可以与哲学并列的学科。在当时的德国，它也尚未发育成为一块真正独立的研究领域。在传统的哲学研究中，实验方法是受到排斥的，而受这一点的影响，心理学从哲学中独立出来并发展成为一门现代科学的脚步，被完全阻碍了。不过，这种情况也逐渐发生着变化。在自然科学、尤其是实验科学蓬勃发展的大背景下，心理学的实验室和研究机构也逐步地建立起来。到 1879 年，威廉·冯特（Wilhelm Wundt）在莱比锡大学建立了第一个心理学实验室。尽管这时他的职位还是哲学教授，但这个实验室的出现被认为是心理学作为一门新学科诞生的标志。在此后的很长一段时间当中，它都是德国最大的心理学实验室，是心理学研究最重要的阵地。从这时起，心理学不再是哲学或其他学科的婢女了。[①]

心理学的发展不仅得益于德国当时健全而良好的学术环境，也得益于德国文化的独特传统。这种传统可以一直上溯到歌德。作为德国历史上数一数二的文化巨人，歌德的深远影响在他离世后几十年依然没有丝毫减弱。尽管他关于植物的形态学研究以及关于颜色的学说饱受科学家的批评，但随着学术研究的深入和新问题的涌现，特别是当以伽利略和牛顿的经典物理学为代表的自然科学遇到难以解决的困难时，学者们又开始从他的著作中寻找可能具有独特价值的部分。事实上，"格式塔"（Gestalt）这个词本身就是来自歌德的。

我们在今天仍不可忽视的一点是，尽管当时的心理学试图从哲学的专制下将自己解放出来，但它还是不忘从这个母体吸收必要的营养。格式塔心理学的诞生和发展尤其受到了当时哲学的影响，并从狄尔泰、胡塞尔和斯顿夫（Carl Stumpf）等人那里学到了很重要的东西。[②]

狄尔泰曾激烈批判过他那个时代占据统治地位的机械论的心理学，并采取了更偏向于整体论的立场。例如，他认为"关于思想、感觉和意志的'被经验到的联结'，是原初的，而其被区分开来的单独的元素则是后来才有的"。关于这种经验，我们只能给出直觉性的描述。他主张，人是一个"心理学上的整体"，是由历史、社

31

---

① 关于这一时期该学派发展的更详细的情况，请参阅 G. Ash 的著作《德国文化中的格式塔心理学》（*Gestalt Psychology in German Culture*），第 17—27 页。

② 也有学者主张，格式塔心理学与哲学的关系可以一直上溯到康德。无论康德还是后来的格式塔心理学家，都主张感知与感觉的区分，以及主体自身在经验形成中的重要作用。参阅赫根汉《心理学史导论》（上下册），第 679 页。

会和文化塑造的。此外，他甚至使用了"格式塔"这个词，用来描述人类那种被历史塑造出来的特征。① 总之，狄尔泰为心理学提供了一种值得借鉴的、从整体出发的新起点。可惜他没有能够进一步阐述自己在这方面的主张，而是由后来的雅斯贝斯等人进行了一些深化。

胡塞尔在《逻辑研究》的第一卷中，将冯特等心理学家直接列为他主要的理论对手，并批评了所谓的"心理主义"（psychologisim）。然而令人感到有些古怪的是，胡塞尔的研究从来都没有避开过关于心理问题的讨论。也就是说，"克服心理主义的唯一途径就是不要忽略心理学……但是要以一种比康德更为精致的方式来研究我们思考时的经验"，这就是胡塞尔所谓的"现象学是描述性的心理学"。② 一方面，心理学影响着胡塞尔；另一方面，胡塞尔也反过来影响着心理学。心理学家们从他那里学会了如何描述对象对我们的显现，并在不破坏心理学合法性的前提下，修正了以前心理学在方法上的错误。③

斯顿夫的声望似乎并没有前两位哲学家那么大，但他却是胡塞尔的老师之一，还被称作格式塔心理学家的老师，而《逻辑研究》也正是题献给他的。他认为，心理学的研究对象应是心理机能本身而非其内容，这一机能的重要特征就是整体性。不过，他对心理学研究更为直接的贡献在于，他在柏林的实验室训练了许多优秀的学生，其中就包括格式塔学派的三位创立者。④

抛开与哲学的关系不谈，在心理学的发展中，更为重要的推动因素还是实验方法的迅速发展。同其他很多自然科学的分支一样，实验也是心理学生存的基础。而在我们所关注的那段时期，心理学

---

① 参阅 G. Ash, *Gestalt Psychology in German Culture*，第 73 页。

② 同上书，第 75 页。

③ 关于胡塞尔的每部著作与心理学之间更为准确的关系，请参阅上书，第 74—78 页。

④ 同上书，参阅第 28—38 页。

实验室里新发现了许多影响深远的现象，也有一批相应的理论诞生。这些现象和理论吸引着学者们讨论的兴趣，也极大加速了学科本身的发展。

当时著名的物理学家恩斯特·马赫（Ernst Mach）试图解释这样一些现象：为什么一首乐曲用不同的乐器和节奏加以演奏时，都还是会被认为是同一首乐曲？人们为什么可以在不同的具体事物中感知到同样的几何形状？他认为，这些现象说明，有一些感知——比如关于时间和空间的感知——独立于我们的感觉元素之外。[①] 这些现象后来成为内省主义者和格式塔心理学家争论的核心话题之一。

另一位心理学家厄棱费尔斯（Christian von Ehrenfels）是格式塔理论的重要先驱，尽管他并不属于这个学派，但格式塔心理学的一些重要概念恰恰基于对他的理论所进行的批判。厄棱费尔斯在实验中观察到这样一种现象：我们通常会称说一杯肥皂水是浑浊的，但"浑浊"这个性质却不能从对其中任何一个单独部分的观察而得出。如果我们通过屏幕上的小孔来观察肥皂水，只会看到一片灰暗的颜色。类似的性质还有粗糙等等。这些性质是超越局部的（translocal），是整体才具有的性质。[②] 而在上面提到的关于乐曲的例子中，被不同方式演奏的乐曲会被认为是同一首乐曲，其原因也显然在于，我们感知到的并非一个个单独的音符，而是旋律这个整体。厄棱费尔斯将这种关于整体而非部分的性质称作形式性质（Gestaltqualitäten/form qualities），他认为这是一种在孤立的刺激基础之上、存在于我们的感知之中的性质。这个概念对后来"格式塔"概念的形成具有重要影响。

魏特海默本人在 1912 年前后的一项实验中发现了这样的现象：有两条光线相继闪现着，如果它们闪现的时间间隔大于等于 200 毫

[①]　参阅赫根汉：《心理学史导论》（上下册），第 680 页。

[②]　参阅 Köhler, *Gestalt Psychology*，第 187—189 页。

秒时，观察者看到的就是两条相继闪现的光线；如果间隔小于等于30毫秒时，观察者会认为它们同时出现；而当间隔大约在60毫秒左右时，情况则似乎是一条光线从一个位置移动到另一个位置。这时，实际上并没有任何运动发生，但人们却似乎感知到了运动，这种现象被称为"似动"（apparent movement）。尽管这一现象很早就被人们发现，但魏特海默却比较早地对其进行了理论上的解释，发表了题为《关于对运动的看的实验研究》（"Experimentelle Studien über das Sehen von Bewegung"）的文章。许多人认为，这篇文章的发表，是格式塔心理学出现的标志性事件之一。①

34

当然，来自大西洋彼岸的美国心理学家威廉·詹姆士（William James）也是这一时期显赫的学者。一般认为，他是格式塔心理学家们重要的理论对手，因为他在人类经验和意识的问题上持有完全不同的看法。关于这点，我们会在本章的第七节中专门讨论。

尽管格式塔心理学的产生有着深厚而丰富的哲学和文化背景，但不可否认，对这门新兴学科影响最大的，还是当时突飞猛进的自然科学。让此前往往被归于哲学门类下的心理学成为一门像物理学那样的科学，是那时很多心理学家追求的目标。而物理学的突飞猛进，使得它成为当时科学的典范。像心理学这样的年轻学科，自然要以物理学为样板来构建自己的理论和研究方法。

在物理学领域中，伽利略和牛顿的传统力学理论已经难以应对日新月异的新兴研究——尤其是关于磁场的研究——的挑战，这迫使物理学家们逐步抛弃经典力学而开辟新的学说。量子力学就在这种挑战之下应运而生。量子力学家们发现，在一个磁场中，粒子会受到磁场本身力的作用，而粒子本身的力又会影响磁场的分布。因此，在研究磁场和粒子时，对整体的考量就会优先于对部分的考量，这是量子力学的基本主张之一，而格式塔心理学借鉴了这种理论。比如，科勒就曾学习过量子力学的创始人普朗克（Max

---

① 参阅赫根汉《心理学史导论》（上下册），第682页。

Planck）的课程。① 对格式塔心理学家来说，大脑就是这样一个磁场，而其接收到的由神经系统传递过来的刺激信息就是这样一些粒子。因此，在他们看来，大脑并非一个机械的物理系统，而是按照类似磁场那样的构造在活动。

不过，尽管取得了上述诸多成就，心理学研究对象的特殊性及其研究方法的局限性，还是大大阻碍了它向科学迈进的脚步。因此，准确地界定心理学的研究对象，同时探索更为科学的研究方法，成为了心理学家们的共同课题。这种课题不仅要求实践中具体研究的进步，还要求他们对心理学的基本理论提出大胆的假设和谨慎的验证。内省主义和行为主义心理学正是这方面的典型代表，它们提出的理论假设也与本书的讨论密切相关。

第二节　内省主义和行为主义的基本主张

在当时的心理学流派中，内省主义（Introspectionism）② 和行为主义（Behaviorism）是影响极大的两支。据悉，科勒之所以要用

---

①　参阅赫根汉《心理学史导论》（上下册），第 681 页。

②　尽管科勒也使用"内省主义"或"内省主义者"这样的词汇，但明确表示"不把内省视作一个特别的学派，而视作所有那些以如下方式（即他在自己著作的第三章中主要批评的方式）处理直接经验的心理学家们"。（Köhler, *Gestalt Psychology*，第 70 页）在《格式塔心理学》一书中，他在更多的情况下直接使用"内省"（introspection）一词——如该书第三章的题目"内省的观点"（the Viewpoint of Introspection）——这与他在批评行为主义时所使用的术语有所不同。但实际上，内省主义作为一个学派也是存在的。例如，冯特便被视作内省主义的代表人物，他的基本追求是找到意识中真实的元素。这种学说在 19 世纪后期就赢得了极大的声誉，但也因其各种潜在的问题而成为心理学家们的众矢之的。我们在第一节中提到的心理学家们，一般都做出过对冯特学说的批判。科勒之所以要在书中如此使用这些术语，应当是希望能够更加有效地批判心理学中一些一般性的错误倾向，而非仅仅将某个流派作为靶子。在他看来，"内省"方法中的错误倾向并不仅仅存在于"内省主义"这个流派之中，也广泛存在于心理学研究之中。这里科勒似乎在暗示我们，相较于行为主义而言，内省主义的错误要更为普遍。

英文而非德文来写作《格式塔心理学》① 一书，就是为了在行为主义"肆虐"的美国吸引更多的读者。②《格式塔心理学》花费了很多篇幅来批评这两种理论各自的错误倾向。应当说，这些批评构成了科勒理论的重要来源之一。所以，我们有必要先来看看它们的基本主张。

让我们从对内省主义理论的考察开始。

之前说过，要想把心理学带上科学的康庄大道，就必须对其研究对象和方法做出足够严格的限定。而实验在心理学研究中又占据着格外重要的地位，内省主义者正是从当时一些重要的实验出发来提出自己的理论的。

这其中，最引起学者们兴趣的是关于恒常性（constancy）和错觉的实验。所谓恒常性，又称感知恒常性、对象恒常性或恒常性现象，是动物和人类的一种倾向，即将诸多相似的对象看成具有标准的形状、大小、颜色或位置，而不考虑感知的角度、距离或光线。这种印象倾向于同对象的样子或对象被认为的样子相一致，而不是同实际的刺激相一致。③ 而错觉，更是在日常生活中都极为常见的一种现象。错觉与幻觉不同，是不可避免的。例如，水中的筷子看上去像是变弯了，这是一种错觉，而非海市蜃楼那样的幻觉。接下来，就让我们看看三个关于恒常性的实验和两个关于错觉的实验。

---

① 科勒的著作《格式塔心理学》（*Gestalt Psychology*）有两个英文版本，分别出版于 1929 和 1947 年。1933 年他还出版了该书的德文版，不过其影响显然不如英文版那么大。两个英文版本在基本理论主张上没有重要的区别，但 1947 年时科勒显然对以前的术语和行文深感不满，并对此进行了比较多的修改。而且，科勒的英文写作水平在这段时间里也有了极大提高，这使得后一个版本比前一个版本更容易阅读。根据一些学者的考察，可以确定维特根斯坦阅读过 1929 年的版本，而是否阅读过 1947 年版则存疑。（关于这种考察的具体情况，请参阅 Dinishak, *Wittgenstein and Köhler on Seeing and Seeing Aspects*：*A Comparative Study*，第 9—13 页。）因此，本书使用 1929 年的版本作为主要的文本依据。当然，在必要时我们会引用到 1947 年的版本。

② 参阅 Dinishak, *Wittgenstein and Köhler on Seeing and Seeing Aspects*：*A Comparative Study*，第 50 页；赫根汉：《心理学史导论》（上下册），第 686 页。

③ 以上请参阅 http://www.britannica.com/EBchecked/topic/451073/perceptual - constancy。

36

第一个实验涉及物体的大小。有这样两块纸板，一个尺寸是 3 英寸 ×2 英寸，另一个则是 9 英寸 ×6 英寸，实验者把它们分别放置在距离观察者一码和三码远的地方。试验中的观察者会报告说他看见远处的那个纸板更大。但在内省主义者看来，准确的报告应当是：它们的大小是一样的。

第二个实验涉及物体的形状。观察者在餐桌上观看自己身边的盘子，会报告说他看到那些盘子是圆形的。内省主义者则认为，那些盘子应当是椭圆形的，而且这个椭圆和我们观察到的实际的椭圆形并没有分别。

第三个实验涉及物体的亮度。在靠近窗户的桌子上一近一远放着黑白两张纸，这个远近要正好使得黑纸反射的光同白纸反射的光一样多。观察者会报告说黑纸看起来仍然是黑色，而白纸仍然是白色，但内省主义者会说这两张纸的亮度应当是一样的。[①]

第四个是著名的错觉实验，即图 I 穆勒—莱尔（Müller – Lyer）图案，图中两段方向不同、长度相等的线段，在观察者看上去却具有不同长度：

图 I

内省主义者认为，看见线段是不相等的，这不是一个真实的感觉事实；观察者应当报告他们看见的线段是相等的。

最后一个是频闪运动实验（stroboscopic movement），类似于本章第一节中提到的似动现象。在一定环境下，在适当距离上安置两盏灯，并让它们连续闪烁。这时，观察者会产生一种从第一盏灯到第二盏灯的运动的视觉经验。而且，类似这种经验在人体皮肤的触

---

① 以上三个实验，请参阅 Köhler, *Gestalt Psychology*，第 75—78 页。

觉方面也存在着。①

平常人都会像上述试验中未经训练的观察者那样，做出类似的报告，这些报告无法满足内省主义者对科学实验的要求。为此，他们必须训练那些观察者，以做出他们认为应当是正确的报告。在这里，之所以一种报告被认为是正确的而另一种是不正确的——或至少不是足够可靠的——是因为内省主义者对经验持有这样的基本看法：我们的经验中包含感觉（sensation）和感知（perception）这两个部分；前者是赤裸的感觉的材料（bare sensory material）②，后者则是人们自孩提时就开始习得的知识与这些材料相结合的产物。心理学家的工作就是把二者区分开来，以获得心理学研究所需要的与知识不相关的感觉，比如纯粹的看（pure seeing）。例如，当一个外行手中托着一本书时，他会说自己感到手上有来自外部的重量；内省主义心理学家则会说，他只感到触觉或是手指间的张力。而说"感觉到重量"这一点，其实需要长期的历史发展以及其他因素的相互作用。把这种观点加以引申，我们就会得到这样的结论：在感觉经验被浸入（imbued）意义（meaning）之前，"对象"对我们来说是不可能存在的。③

根据这种看法，上述"恒常性"的来源是什么呢？内省主义者的回答是：它只能来自于人们后天的学习。我们自幼就被教育着来如此看待大小、形状和亮度；久而久之，我们便不能把后天的知识同实际经验到的感觉事实区分开来，以至于内省主义者所追求的真实的感觉事实被淹没在了人们的意义、知识和阅历之中。④ 而与此相比，错觉的情况则有所不同，因为它们并非完全来自后天学习的影响，也并不直接与知识和阅历相关。不过，在内省主义者看

---

① 参阅 Köhler, *Gestalt Psychology*，第 79 页。

② 这里译作"感觉的材料"，以同哲学上所说的"感觉材料"（sense – data）相区别。

③ 参阅 Köhler, *Gestalt Psychology*，第 72 页。

④ 同上书，参阅第 80—81 页。

来，通过内省的方法，我们完全可以克服错觉的影响，进而达到真实的感觉。尽管错觉和恒常性产生的原因略有不同，但都不是真实的感觉，都需要通过内省来加以克服。不过，在这二者中，恒常性具有更为重要的地位，因为它更为严重地威胁到心理学作为一门科学的精确性。内省主义者们要尽力铲除产生它的根源。

在他们看来，在一个正常成年人的日常世界里，任何经验都是有意义充斥其中的；而这些意义，则依赖于他本人的经验和阅历。这种因人而异的经验和阅历显然无法满足科学研究的要求。内省主义者为满足科学要求所开出的药方，就是内省的方法。

所谓内省，就是一种将经验中与意义相关的部分剔除掉、只保留下实际感觉的过程。①

作为一种过程，内省恰恰能把真实的感觉事实从掺杂了意义的东西中剥离出来。因为在这种过程中，大小、形状和亮度，被同它们的背景分离开来。也就是说，人们暂时阻断了回忆起自己过去所获得的知识的途径，进而暂时祛除了"学习"这个后天因素的影响。这样，内省主义者也就获得了自己梦寐以求的"真正的感觉事实"。② 这种真正的感觉，不会受到主体态度变化的影响。恒常性和因人而异的差异等问题，便迎刃而解。

以上就是内省主义的基本主张。同作为当时科学样板的物理学相比，内省主义者所采取的研究方法仍然显得不够精确。此外，无论他们的实验结论还是理论假说，都不能被他们的对手——行为主义者——所接受。在行为主义者看来，这种不精确性主要源自内省主义者如下这些错误立场。

首先，内省所要依赖的直接经验概念与物理学研究所涉及的概念是完全不同的：前者是同精神（mental）、心灵（mind）、灵魂（soul）这样一些概念相联系的，它们都指向精神实体（mental

①　参阅 Köhler, *Gestalt Psychology*，第73页。
②　同上书，参阅第82页。

substance）；后者则指向物理世界。① 这意味着，在获得清晰的研究方法和可靠的研究结果这点上，内省主义的心理学面临着很大的困难甚至危险。其次，尽管内省主义者可以辩护说，上述困难虽然存在但还是可能被克服掉的，但是，内省作为一个观察过程，仍然有着方法上的根本缺陷。在这种过程中，观察者并没有处于其所观察的系统之外，这就使得后者很难不受前者的影响。例如，一个人想通过来内省观察自己的悲哀或喜悦，一旦他做出这种内省行为，他的观察对象就会随之发生变化。也就是说，虽然从表面上看，内省所得到的真实经验是独立于主体态度的，可事实上，内省本身就是一种独特的"态度"。再次，即使上述困难还是可能被克服掉，内省也依然难以摆脱其主观性所带来的麻烦，以及随之产生的对术语进行精确定义上的困难。所以，同物理学相比，内省主义的心理学始终只能是模糊和原始的。②

　　总而言之，内省主义所推导出的如下两个后果是不可接受的：第一，直接经验是一个人的"私事"，我们难以对其进行精确的观察；第二，我们不能通过这种"私事"得到关于他人的任何可靠的知识。因此，行为主义者认为，我们必须拒斥这种以"私事"为基础的直接经验，而集中于更为可靠的"客观经验"（objective experience）。对这种经验的观察必须处于这样一种情形之下：被观察者不得不对之做出特定反应的、明确规定的情形。只有这样的行为，即一个活着的生命系统的反应，才能作为行为主义心理学的研究对象。③ 正是出于这种考虑，行为主义者把反射和条件反射（con

　　① 这里需要注意，在科勒看来，行为主义者的"直接经验"和"物理世界"的概念是有问题的，他们在否定内省主义者所谓的"私事"的时候，却又假定了一个独立于我们观察之外的物理世界的存在，这是他们的自相矛盾之处。参阅 Dinishak, *Wittgenstein and Köhler on Seeing and Seeing Aspects: A Comparative Study*, 第 54 页。因此，科勒本人也是在不同的意义上使用这两个概念的，这点我们很快就会看到。

　　② 参阅 Köhler, *Gestalt Psychology*, 第 8—13 页。

　　③ 同上书，参阅第 14—17 页。

ditioned reflex）的概念奉作自己的核心概念。①

通过上面这些论述我们可以看到，无论内省主义还是行为主义，都将我们日常生活中的绝大部分经验排除在了研究之外。许多结论只有在实验室的各种条件之下、由受过各种严格训练的观察者参与才能得出。这种狭隘的视域，其实恰恰违背了他们最初的宗旨。这种事与愿违的结果并非偶然，它根植于这两个学派深层次的理论错误之中。有人提出，无论内省主义还是行为主义，都预设了一种经验论/天赋论（empirism② – nativism）的二分，即人类的感知的成分要么可以被归属于后天的经验（主要是学习），要么可以被归属于先天的机能所感受到的刺激。③ 这也比较符合科勒对这两个学派进行批判的思路。只不过，科勒本人的论述要精致复杂的多。这正是我们下一节要研究的内容。

第三节　科勒的动力学

在科勒看来，要对内省主义进行反驳，首先必须修正他们对于日常经验的偏见。也就是说，必须赋予充斥着知识和意义影响的经验，同所谓"真实的感觉经验"同等的地位。在这一点上，行为主义对内省主义的批评不仅站不住脚，而且与后者相比，前者的狭隘可能更令人难以接受。

与行为主义者所说的"客观经验"不同，科勒是这样来规定它的：尽管我所观察到的外在事物依赖于我的存在、因而是"主观的"，但它们确实是位于我们之外的，在此我并不怀疑它们是某

41

---

① 参阅 Köhler, *Gestalt Psychology*，第 99 页。

② 经验论（empirism）和哲学上的经验主义（empiricism）不同。前者指一种主要借助学习来解释心理经验的心理学主张，后者则指一种认为所有知识都来源于外部经验的哲学主张。参阅 *Gestalt Psychology*1947 年版，第 113 页。

③ 参阅 Dinishak, *Wittgenstein and Köhler on Seeing and Seeing Aspects：A Comparative Study*，第 65 页。

物加诸我之上所产生的结果。而且如下这点也是毫无疑问：当我离开一个对象时，它仍然保持其自身的同一性。所以，对象和事件（events）是绝对客观的，也不存在一个更客观的世界。① 可以看到，科勒在这里是如此辩护自己对"客观经验"一词的使用的：尽管不能否认在客观经验中存在着主观成分，但我们却不能达到比这更大的客观性。正是在这个意义上，说我们拥有一种客观的经验是讲得通的。而且，科勒并没有断言我们可以直接达到对物理对象的认识，也即没有否认认识的有限性。在这一点上，他还做出了关于物理世界和直接经验的世界的区分。

42

在科勒看来，直接经验是相对于物理世界的图像而言的。在物理世界的图像中，物体不可能被直接经验到，只能经由一些间接的或媒介性的东西推论而来，我们则在此基础上构造出一幅物理世界的图像。与此相反，对我们来说，还有一个不需要物理学家们来构造的、过去就存在并且现在仍然存在的周遭的世界（the world a-round me），科勒将其称作直接经验的世界。② 而他所谓的客观经验，是指这些直接经验中所能达到的那些具备最大客观性的经验。与此相对的主观经验，则主要指个人私有的经验，比如情绪等等。③

从这样的看法出发，科勒就可以宣称"物理学家和心理学家处于完全相同的处境"。因为无论是心理学的观察还是物理学的观察，其"观察对象和观察过程均处于同一系统之中"。之所以这样说，是由于二者的观察都是发生于观察者的机体之内的过程。④

于是，只要我们解答了如下问题，困难似乎就迎刃而解了：在此基础上建立的物理学如何可能是客观的呢？科勒认为这个问题很好解答。我们应当把物理学家研究时所借助的观察仪器看作是人类感官的一种延伸，或者就是人类感官的一部分，因此，物理学研究

---

① 参阅 Köhler，*Gestalt Psychology*，第 21 页。
② 同上书，参阅第 23 页。
③ 同上书，参阅第 20—21 页。
④ 同上书，参阅第 31 页。

所依赖的仍然是那些直接经验。我们所要解释的只是，物理学中的精确的定义，是如何在这样的经验基础上被构建起来的。这时我们所面临的困难，依然是行为主义者提出的直接经验的私人性的问题。针对这个问题，科勒援引了日常生活和物理实验中共有的如下假定：他人与我拥有相似的客观经验，而且相信别人的直接经验，对我们的日常生活和科学实验是有好处的。科勒在此的思路，与前面提到的他对"客观性"的解释相一致——我们只能将自己所能达到的最大的客观性视作是客观的。而既然日常生活和物理学都在这样的客观性基础上运作得很好，那么心理学也完全可以同样取得进步。

但是，仅仅有足够的客观经验作为心理学的研究对象，还是不够的。科勒必须彻底批判经验论/天赋论这种二分本身，也就是要在内省主义和行为主义之外提出自己新的理论假设和研究方法。这就要求他对问题进行进一步的发掘。这时，顺序（order）的产生就成了一个很好的切入点。

无论持哪种立场的心理学都必须解释顺序是如何产生的。这个问题是说：外界对象给我们的刺激——无论这些刺激是视觉、听觉还是触觉上的——似乎都是全然杂乱无章的，但我们却可以形成对外界对象的有序的感觉，这是如何可能的？以视觉为例，在视野中有无数的东西，但我们却可以清晰地让一个对象分离出来，而且，这种分离出来的对象还恰好和物理实在相对应。问题的关键不在于视网膜上的投影是怎样的，而在于从眼球到大脑的神经过程是怎样的，以及这个过程如何能够产生出和外界一致的顺序来。

科勒认为，对这个问题的回答，无非有三种可能的方案：一是机械论（machine theory），二是生机论（Vitalism），三是动力学（Dynamics）。[①]

---

①　动力学是来自物理学的概念，本意指主要研究力对物体运动影响的分支学科。科勒是在类比的意义上使用这个词的，而并不是说他的研究属于物理学。当然，他也确实参考了物理学的一些基本模型。参阅 Köhler, *Gestalt Psychology*，第 111—118 页。

机械论在过去是十分常见的理论。以亚里士多德的天文学为例，它很好地满足了古代世界中秩序带给人们的安全感。但近代科学的发展却表明，与机械论所设想的情况相比，外部对象实际拥有的顺序要复杂得多，看上去也"无序"得多。生机论则主张，生命和心理是与无机的自然完全不同的，支配前者的力量在后者中是找不到的。① 这两种方案都不能很好地适用于现在学者们所面临的问题。这时，比较合理的选择是再次向物理学求助，寻找第三种解答方案。事实上，"动力学"这个概念本身就是来自物理学的"舶来品"。

44

在一个物理过程中，我们首先可以将其中的决定性因素分为两类。一是属于该过程中的真实的力（forces），代表着动力的（dynamical）方面；二是该物理系统自身的性质，即物理过程中所发生事件的不变的条件（constant condition）。动力的因素一般是无序的，因此顺序的建立主要依靠后一方面的作用。例如，在一个电路系统中，电流自身就是其动力的因素，而电路所用的材料本身的导电性是其不变的条件。但是，第二个方面又可以被进一步地划分为如下两个类别：第一，所有移动的电荷都带有一个单位的电荷或其整倍数的电荷；第二，导体自身分布的样态（mode），例如空间顺序等。这第二个类别的因素又被称作"地形（topography）因素"，它在一些情形下可能对一个过程的发生起着决定性的作用。例如，蒸汽机中活塞的运动方式就完全受到气缸壁的限定。②

让我们以视觉为例，看看上述概念是如何被借用到心理学领域的。对行为主义和内省主义来说，视网膜上投射的图像可以和外界一一对应，但在从视网膜到我们的大脑的过程中，顺序是如何被建立起来的呢？根据他们共同坚持的经验论/天赋论立场，要解释心理学中的有序性问题，就只能做出如下假定：在神经系统中，我们

---

① 参阅考夫卡：《格式塔心理学原理》，第7—9页。

② 参阅 Köhler, *Gestalt Psychology*，第111—113页。

有一个解剖学上的地形（anatomical topography），它阻止了迷惑和混乱的发生。这种地形只能有两种来源：一是天生就遗传下来的东西，二是随着个人的成长而发展起来的东西。就第二点来说，学习就是一个建立起神经元之间新的联结的过程。所以，在科勒看来，行为主义和内省主义者们都将顺序建立在如下两个基点之上：一是原初的地形条件（original topographical conditoins），二是后天的学习。也就是说，他们试图用先天的和后天的这两种因素，来穷尽所有的心理事实。

不幸的是，这种方案面临很多困难。首先，这种理论视角下的人变成了一个缺乏活力的低等生物。其次，如果刺激和经验之间是点对点的对应关系，那么感觉经验就完全由局部的刺激相加而成，而神经系统内部的相互作用被完全排斥，局部的刺激与整体经验之间的关系也无法建立起来。这样一来，许多实验——例如颜色对比（color - contrast，指两种不同的颜色被并排放置加以比较时，其差异性会被加剧的现象）试验——所揭示的经验都无法得到解释。在科勒看来，造成上述困难的主要原因在于，经验中的"动力因素"被排除在外。

从科勒提倡的动力学的视角来看，经验论／天赋论的根本错误可以被概括为如下两种观点的合取。第一，局部的感觉依赖于局部的刺激，而不依赖于神经系统中的其他过程；第二，至少就更高级的神经系统来说，一些在人出生时并不存在的联结，可以在人的发育过程中被建立起来。[①] 其中，第一种观点一般被称作"马赛克理论"（mosaic theory），这种理论认为，被把握到的整体只是由相互独立的部分所组成的拼图。

要解决这些困难，最核心的问题在于，我们必须找到这样一种神经功能：它既能提供有序性，"又不是从先天遗传或后天学习中

---

① 参阅 Köhler, *Gestalt Psychology*, 第 99 页。

得到的"。① 这就首先要求我们抛弃经验论/天赋论的两条根本错误。也就是说，我们必须抛弃如下偏见：自然中的动力因素总是无序的，顺序只能从"地形"中产生。事实上，在物理现象中，顺序的产生也并非总是仅仅依赖地形因素。例如，一滴水在一池子的水里运动时，就几乎没有受到水池这个地形的影响，而主要是受到它与其他水滴的力的相互作用的影响。再例如，当油和水被混合在一起的时候，油总是完全漂浮在水的上方，这也是它们各自分子间力的相互作用所导致的。

由此可见，很多情况下，在地形因素的影响之外，动力的分布已经被动力之内的相互作用决定了。这种不受地形影响而被动力地决定了的分布，被科勒称作"动力的自我分布"（dynamical self–distribution）。② 这是一种功能性概念，是除了先天遗传和后天学习这两个功能性概念之外的第三种选择。它就是解决问题的关键。

具体而言，在人类的神经系统中，除了解剖学所揭示的地形因素外，神经系统中的各个过程已经在其相互作用之中产生出了一定的顺序。这个顺序保证了（还是以视觉为例）视网膜上的图像在传递到大脑皮层的过程中，仍然保持着对象原有的顺序。这种动力自身的功能既不属于遗传、也不属于学习的范畴，但却具有丝毫不亚于这两者的重要地位，因为一旦缺少这种功能所导致的分布，我们心理世界中的与物理世界相对应的顺序就无从谈起。

这种选择要求我们放弃内省主义和行为主义共同坚持的第一个错误观点，即马赛克理论——正是这种理论将神经系统中的相互作用的动力因素排除在顺序产生的要素之外。科勒对此所做的评论是：

……有机体（organism）并非是通过局部的、相互独立的

---

① 参阅 Köhler, *Gestalt Psychology*，第 123 页。
② 同上书，第 140 页。

事件对局部的刺激做出反应，而是通过一个总体的过程（total process）对刺激因素（stimuli）的一个真实的星座（an actual constellation）① 做出反应；而这一过程又是一个功能性的整体（a functional whole），是对整个环境做出的反应。这是唯一的能解释如下问题的观点：对于一个给定的局部刺激来说，不同的经验随着周围刺激（surrounding stimulation）的改变而改变这一点，是如何可能的。②

第四节　"感觉组织"及其性质

47

在开始本节的讨论之前，还有一点必须说明。科勒自己从未否定内省主义和行为主义所主张的地形因素对心理经验的顺序产生所起的作用，也从未否定这种地形得自先天遗传和后天学习这两个方面。他真正要反对的观点是：除了这种地形因素之外，动力因素没有对顺序的产生起到任何作用；而先天和后天的因素，是我们在研究顺序产生的原因时仅有的两种可能的要素。科勒认为，动力自身之内的相互作用本身，就是第三种可能的要素，而这就要求我们承认，神经系统内各个过程之间存在着被"动力地"决定了的顺序。

内省主义和行为主义已经把握到这样的顺序——即一个局部的过程如何同其邻者相分离——并将之归于地形因素的作用。但在视觉领域中，我们究竟是如何将一个特定的对象从其背景之中分离出来的呢？这似乎是一种再平常不过的经验，以至于很多学者都忽视了对它的讨论。而根据内省主义和行为主义的方案，这种现象只能被这样解释：我们已经习得了关于这个对象（比如桌子上的纸、铅笔、橡皮和香烟）的足够多的知识，这些知识成为地形因素，

---

① 这里之所以使用"星座"一词，是因为这种刺激因素的集合并非真正实在的，它们同星座一样是人为地被规定下来的。当然，这种规定又并非是完全随意的，而是依赖于星体或刺激因素自身在分布上的特征，所以又是"真实的"。

② Köhler, *Gestalt Psychology*, 第 106 页。

由此我们可以通过知识的投射来分离出该对象。[①] 但这种解释显然是行不通的。因为，首先，例如在黑暗的角落里，我们看见一个模糊的物体存在，但完全不能确定它是什么，也无法给出关于它的任何具体的描述，但这时我们仍然可以说自己看见那里有一个东西——这显然独立于我们后天习得的任何知识。这说明，我们可以将一个没有任何知识投射于其上的对象从背景中分离出来。其次，按照内省主义和行为主义的解释，我们只能分离出已知的对象，但对未知对象就无能为力了，这也显然不是事实。在科勒看来，上述困难表明，在已习得的知识之外，还有其他功能帮助我们把对象和背景分离开，而且这种功能显然属于动力而非地形上的因素。

科勒对上述问题的回答是：尽管我们对于纸、铅笔、橡皮和香烟的感觉事实有着与后天知识相关的部分，但这并不表明如下观点是正确的，即如果没有先前的知识，上述物体就不会是"被隔离开的单位"（*segregated units*）。[②] 即使没有学习得来的知识，对象依然可以成为分离的整体或曰分离的单位。这种分离，在科勒看来是先于意义和知识的。也就是说，在意义和知识进入到感觉之前，已经有所谓分离的整体产生了。我们可以列举科勒给出的一些有代表性的例子来说明这一点。

第一个例子是图 II 中的六个斑点。人们将这些图形看作由三

图 II

个小点组成的两个组群的倾向是十分强烈的。科勒认为，在这样的分离的整体的形成过程中，与其他因素相比，相等（equality）和

---

① 参阅 Köhler, *Gestalt Psychology*，第 149 页。

② 同上书，第 151—152 页。

相似（similarity）这样的因素所起的作用，是不能用后天的学习来解释的。

第二个例子是测试色盲所用的图片，它们由同等大小的彩色斑块组成。在观察这种图片时，色盲和正常人关于数字的知识显然是相同的，但色盲不能认出这些数字。没有理由认为是后天习得的知识导致了这种差异。他们在读出数字这点上的相反的表现，只能由他们在感觉上的差异来解释。色盲不能把特定的颜色群体从其他颜色群体中分离出来，这点也与后天学习无关。①

第三个例子是这样的：

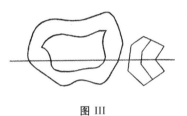

图 III

当一个观察者看到图 III 时，一般会报告说自己看见一条横线穿过两个奇怪的形状，而不会看见数字"4"。可以当我们暗示他"4"存在于这个图形里之后，他就会（尽管可能会有一些困难）看见"4"。显然，"4"是任何一个学习过数学知识的正常人都会了解的。但在这个实验中，这种后天知识没有能够对"4"从背景之中的分离起到任何作用，而且观察者在得到暗示前，也不会有任何看见"4"的倾向。②

科勒认为，以上这些实验足以说明，组织是不依赖于知识的。他进一步得出结论说，感觉领域中存在的东西，实际上既不是詹姆士所说的延伸的整体（extended whole），也不是机械论主张的独立

---

① 参阅 Köhler, *Gestalt Psychology*，第 156 页。

② 科勒给出的实验还有很多，其他实验可参阅 Köhler, *Gestalt Psychology*，第 152—170 页。

的局部事件，而是"隔离的整体"或曰"功能性的整体"。① 这种整体是在人的神经系统中产生的，被动力地隔离成为一个整体并独立于后天的知识。

不过，科勒的上述主张必然面临如下一个重要困难：我们为什么可以断言，这种被感觉动力分离出来的整体，正好在实际上对应于我们的语词所指示的对象或事物呢？② 也就是说，为什么我们视觉上的单位和物理上的单位是相一致的呢？科勒对此给出了两个层面的解答。

就第一个层面而言，我们可以暂时把这个问题搁置起来，因为很多被视作整体的事物，在物理世界中都是独立的，比如星座和星星。他断言，在很多情况下，组织就是一个感觉实在（a sensory reality），即使这时并没有相应的物理单位存在——星座就是最典型的例子。③ 这一点和他在最开始提出的关于客观经验的看法相一致。

就第二个层面而言，即使这种对应不是严格的和真实的，我们还是会发现，分离的整体至少倾向于同对象或事物相对应。我们世界中的所有事物可分为两类。一是人造的，二是自然的。人造物含有实用目的，因此这种对应并不难以理解。而在自然事物的情况下，事物在性质上的不连贯性总是可以造就出自然物及其周围环境的分界线。这种分界线在神经系统中会体现为相应的动力学分布，这些分布之间是相互排斥的。这足以保证感觉领域中隔离的整体的出现。④

被隔离的整体，在科勒看来当然是属于感觉领域的，它们是一种"感觉事实"（sensory fact），他据此将这种整体称为"感觉组织"（sensory organization）。

不过，内省主义者显然不会同意科勒的看法，因为他们认为，

---

① 参阅 Köhler, *Gestalt Psychology*，第 148 页。
② 同上书，参阅第 170 页。
③ 同上书，参阅第 171 页。
④ 同上书，参阅第 171—173 页。

人类组织对象的方式依赖于习得的知识。而科勒则试图更为全面地驳倒内省主义者，这一点包含在他对"感觉组织"进一步的研究中。在确定了组织属于感觉领域之后，科勒自然来到了下一个问题：它具有怎样的特征？他对这个问题的回答是，其最重要的特征就是形式（form）。

当我们将一个对象从背景中分离出来的时候，它必然有一个"边界"。尽管这个"边界"可能只是不同性质在分布上的不连续性的体现，也可能不是实际存在的或连续的（比如图 II 中的斑点组成的整体），但是它却将这个对象"包裹"起来，并呈现出特定的形式。即使在眼睛观察到的运动的经验中，形式也是至关重要的。例如，当一盏灯沿着下图所示的路线运动时，观察者可能会报告说他看见三个（指 I、II 和 III）或七个（指 I、II、III 再加上 1、2、3、4）运动，但一般不会倾向于报告其他数目。这也说明，运动在其中被组织成了特定的形式。

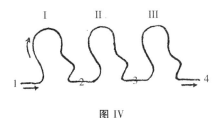

图 IV

由于形式是"感觉组织"最重要的特征，因此这种"感觉组织"也被称为"格式塔"（Gestalt）。格式塔这个概念，如科勒自己所说，是来自歌德的。在歌德那里，格式塔有两种含义："一种是作为事物性质的'形状'（shape）或'形式'（form）的含义；另一种是具体的个体和独特的实体（entity）的意义，这种个体或实体是以如下方式存在的：作为分离出来的、拥有一个形状或形式作为其性质的事物。"[①] 科勒在后一种意义上使用格式塔一词，他

---

① Köhler, *Gestalt Psychology*，第 192 页。

51

认为格式塔是一种"具体的、真实的形式"，[①] 指任何隔离的整体。而且，真正的形式只是作为隔离的整体的性质才存在，是超越局部的（supralocal）[②]，不能被归于任何孤立的部分。

"感觉组织"帮助我们将视野中（当然也可以引申到其他感觉领域内）无数的点状刺激组织成了两种成分。第一种成分具备"一个'事物'的性质"，这是对象的基础；第二种成分则显得"空旷"和"松散"，这是对象的背景。[③] 这样，经过组织的视野才分化为对象—背景，我们日常在视觉上的直接经验都发生在这样的视野中。甚至可以说，未经组织的视野——即没有对象—背景之分的视野——是无法想象的，纯粹只是一种理论上的设定。

既然"感觉组织"如此重要，为何内省主义者却将其忽视了呢？科勒认为，这恰恰是因为它太普通了，以至于无法引起理论家的重视。不过，内省主义者幼稚的错误绝不仅仅在于这里，更重要的是，他们将组织排除在所谓的"纯粹经验"之外。而在科勒看来，我们在心理学中真正要依据的客观性恰恰是由组织提供的，而不是由视网膜接收到的无组织的刺激提供的。组织并非存在于视网膜之上，而是发生在神经系统之中。那些在视网膜上追求视觉中的客观性的心理学家们犯了刺激错误（stimulus‑error）或经验错误（experience‑error）。[④] 一旦格式塔心理学放弃这种错误，并将组织作为客观性的标准，心理学就开始找寻到像物理学那样坚实可靠的研究对象了。

---

① Köhler, *Gestalt Psychology*, 第 195 页。

② 参阅本章第一节中提到的厄棱费尔斯观察到的性质。

③ 在科勒的理论中，背景是没有形式的，因而是"空旷"和"松散"的，只有对象才有形式，因而是一个"事物"。这时我们只能说背景是一种广延（extension）。当然，背景和对象是可以相互转变的，"组织改变"的情况就是例子。参阅 Köhler, *Gestalt Psychology*, 第 219 页。

④ 所谓刺激错误，是指"将关于感觉经验的物理条件的知识与这种感觉本身混为一谈"；而所谓经验错误，则"发生在我们无意间将感觉经验的特定性质归属于刺激的真实星座的时候，这些性质如此普通，以至于我们倾向于将它们运用在我们思考的一切东西上"。引自 Köhler, *Gestalt Psychology*, 第 176—177 页。

最后还值得注意的一点是，格式塔理论帮助科勒有效地解释了前面提到的感知恒常性现象，也有效地解释了为什么在未受教育的儿童和动物身上也可以观察到类似的恒常性。在科勒看来，恒常性就是一种格式塔，是感觉领域中真实存在的。当被观察的对象发生各种改变时，各种刺激在数量上发生了变化，但其相互间的比率关系并没有改变，因此，相应的格式塔并没有发生改变。所有的恒常性均可以被归于相关领域内的不变的格式塔，而并不像内省主义者所主张的那样，是完全依赖于习得的知识的。[①]

53

第五节　科勒对"组织改变"的解释

在科勒看来，"感觉组织"具有一个具体的形式这点，在有歧义的图像（ambiguous picture）中能够得到很好的印证。当我们接收到杂乱无章的刺激时，尽管在感觉之中会有组织产生出来，但组织的可能性往往并非只有一种。而且，尽管这种组织是被"动力地"决定的，但是影响它的因素却也是多种多样的。例如，有歧义的图像就可能具有多种"具体的、真实的形式"。[②] 我们可以来看看他所列举的关于航海图的著名例子：

　　……关于这种观察，最好的例子是船长的航海图，在这里海洋及其边界被表现为普通地图上陆地及海岸的样子。现在，航海图和普通地图上陆地的边界是一样的；"投射"在视网膜上的区分开陆地和水域的几何线条也是一样的。然而事实是，当我看着这样一张关于地中海的地图时，我可能完全没有看见

---

① 当然，科勒也从来没有否认知识会在组织的形成中起作用，只是这种作用并不像内省主义者宣称的那样重要，也并非是原初性的。参阅 Dinishak, *Wittgenstein and Köhler on Seeing and Seeing Aspects: A Comparative Study*，第 76 页；赫根汉：《心理学史导论》（上册），第 695 页。

② Köhler, *Gestalt Psychology*，第 195 页。

意大利；相反，我看见一些"奇怪"的图形（对应于亚德里亚海或类似的东西），这些图形对我来说是全新的，但在我的视野中却"有一个具体的形式"，而在普通地图中则是半岛"具有一个具体的形式"。因此"具有形式"，作为一种具体的性质而言，是将我们真实的实验中的特定的区域同其他那些没有形式的区域区别开来的独特的特征。在我们的实验中，只要地中海"具有形式"，那么相应于意大利的区域就是没有形式的，反之亦然。①

54

为什么我们可以在同一张航海图的轮廓之上看见不同的对象——比如意大利和地中海？在科勒看来，这一点只能通过组织是一种"具体的、真实的形式"来得到解释。这当然与科勒关于对象和背景的看法有关：由于背景没有形式，因此当我们看见意大利时，地中海就没有形式；反之亦然。这就是说，当其中一方的形式出现时，另一方的形式就消失了：

> 当我们真正地拥有其中一个时，也就是它存在于视野中时，另一个就会被吸收进一般的周围环境（surroundings）之中，而此时在视觉上没有真实的形式。当第二个形式成为视觉实在时，第一个又消失了。②

如果组织不是具体的形式，我们就不会既能看到意大利而又能看到地中海了。根据这一点，科勒将这种改变称为"一种视觉实在的转变"（transformation）。③

不过，仅仅援引有歧义的图像来佐证自己理论的正确性，这显

---

① Köhler, *Gestalt Psychology*，第 196 页。
② 同上书，第 198 页。
③ 同上书，第 200 页。

然不是科勒的目的。如同维特根斯坦指出的那样："（面相改变的）诸原因让心理学家们感兴趣。"（PU II xi 114）[1] 科勒也不例外，他试图找出"组织改变"的原因究竟何在。而且，这种原因对于心理学家们有着极其重要的意义。前面已经说过，心理学研究的对象是十分复杂的，往往是人体各种机能相交织的产物。因此，那些本身就将一些刺激作用或机能排除在外的现象，就比其他那些较为复杂的现象更受到心理学家们的青睐。比如，在心理学的术语中，有所谓远端刺激（distal stimulus）和近端刺激（proximal stimulus）之分。前者是指"在世界中向你提供信息的对象或事件"，后者则指"从这些对象和事件实际到达你的感官（例如眼睛、耳朵等）的刺激的诸样式"。在视觉中，我面前的杯子就是远端刺激，而我的视网膜上记录下的关于它的图像则是近段刺激。一般情况下，近端刺激是"有限、多变和不可靠的"，但感知却可以准确地反映出远端刺激，也即对象的性质。[2] 在只有组织发生改变的情形下，远端刺激等于没有发生任何变化，这样，心理学家们就获得了单独研究近端刺激、进而研究相应的神经活动的机会。[3] 类似航海图这样的图像正好提供给我们这样的机会。

不过，前面说过，组织转变的情形并非只有一种。根据其中决定性因素的不同，科勒将其分成两种不同的情况加以讨论。

在第一种情况中，组织的改变与观察者的态度有关。

......但是，我可以对（我面前的）领域采取某种独特的态度，选择其中的一些成分并或多或少地抑制其余成分。在很

---

① 关于"面相"与"组织"这两个概念的关系，我们会在第二章第一节中开始讨论。不过在这里，我们可以暂时忽略这种差别，因为科勒所关心的确实是维特根斯坦所说的那种意义上的"诸原因"。

② 以上引自 http://www.indiana.edu/~p1013447/dictionary/proxdist.htm。

③ 参阅 Ayob, "The Aspect - Perception Passages: A CriticalInvestigation of Köhler's Isomorphism Principle"，第 267—278 页。

多情况下，组织的改变是这样一种态度的后果，因此，在格式塔心理学中，这种"分析"① 涉及一种感觉事实的真实转变。当然，分析的态度并非组织改变的唯一可能的原因。当我们选择视域中特定的成分时，我们可以把它们组合在一起，并支持一种独特的"组合"来取代那种在我们介入之前占上风的组合。这种由我们的态度带来的改变也是一种真实的转变。②

科勒在这里似乎谈论了两种不同的案例。在一种案例中，人们选择不同的成分作为对象，例如在图 II 中，我可以采取不同的态度，将六个独立的斑点中的一个选择出来作为对象。在另一种案例中，人们会选择不同的组合方式，例如在图 IV 中会选择看见三个还是七个运动。但实际上，第一种案例并不典型，可以说只是第二种案例的一种简化的特例，可以被合并到第二种之中。如果说只有一种关于"组织改变"与观察者态度有关的案例的话，那么航海图就是最为典型的例子。在其中，我们可以选择看见意大利还是看见地中海。

在科勒所说的"组织改变"的第二种情况中，组织的改变没有受到任何施加其上的其他因素的影响。也就是说，这与人们对被观察的对象采取何种态度没有直接关系。对此，科勒这样陈述道："（这种改变）的原因仅仅在于：那些在神经系统中同一个部分停留了一段时间的过程，它们倾向于改变自己所停留的那一部分中的条件，并阻碍自己的路径。"③ 下面的图片就是典型的例子：

当一个人观察图 V 的时候（目光要集中在圆心上），一般首先会看见三个较小的扇形组成的图形被包含在圆形之中，其余部分则

① 科勒之所以将这种态度称作是"分析"的，是因为格式塔理论并非像有的批评者指责的那样强调整体而忽视了科学的分析方法。相反，格式塔理论帮助我们分析出了感觉领域中真实的"部分"。参阅 Köhler, *Gestalt Psychology*，第 182—183 页。

② Köhler, *Gestalt Psychology*，第 183—184 页。

③ 同上书，第 185 页。

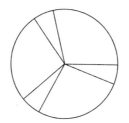

图 V

是空白。但随着时间的推移，许多人会自动看到三个较大的扇形组合在一起，而原先的较小扇形成为空白。如果观察者注视圆心足够长的时间，组织发生改变所需要的时间会越来越短。这时，如果我们将这个图形进行微小的转动，那么组织又会回到原初的状态。①在整个过程中，观察者都不需要刻意地去改变自己的态度，组织似乎是"自动地"发生了变化。

尽管"组织改变"的两种情况各不相同，但毕竟都与神经系统中的过程有关。

在第一种情况下，观察者态度的改变意味着神经系统中某个部分的状态发生了变化。这种变化通过神经系统内部的相互作用，影响到了相应的视觉领域内的神经系统，从而使得其动力分布发生改变，进而导致组织自身的转变。在第二种情况下，尽管没有与态度的改变相对应的神经系统中某些部分的变化，但在观察第一种组织一段时间之后，相应的神经系统的部分中隐藏的动力分布会变得饱和（satiated），从而导致向第二种组织的改变。②

由于组织的改变可能涉及到主体态度的改变，内省主义者显然不会认为这是一种他们追求的纯粹的感觉经验。他们倾向于给出这样的解释：在有歧义的图像中，纯粹的感觉也是可以通过内省达到

57

---

① 关于这个实验更详细的情况，请参阅 Köhler, *Gestalt Psychology*，第 186 页。

② 关于这部分的详细解释，参阅 "The Aspect – Perception Passages：A CriticalInvestigation of Köhler's Isomorphism Principle"，第 269—270 页，尤其是其中 Toppino 和 Long 两人的解释。

的；而人们能够看见不同的图像这一点，只能出于如下原因，即不同的组织已经存在于图画之中，人们在看见新组织时只是注意到了之前没有注意到的东西。① 因此，组织的改变并非感觉领域中的事件。然而，科勒显然不会认同这样的回答。在他看来，即使有些"组织改变"的原因来自其他方面，但无论如何都是发生在神经系统之中、通过神经系统的相互作用才实现的，因此，最终发生改变的组织仍然在感觉领域内。引起"组织改变"的东西并非感觉经验，但"组织改变"这一点本身却属于感觉经验。这意味着组织的改变不是一种类似于解释的、后来发生的活动。②

58

此外，由于科勒不承认只有视网膜上的局部刺激才是真实的感觉，而是将组织看作一个真实的感觉事实，那么他就无法确定，对于不同的组织来说，究竟哪个才是真实的、哪个又是虚幻的。但在他看来，组织实际上并不是真实的感知或错觉、幻觉。不同的组织都是发生于感觉领域之内的事实，它们之间是平等的，并不存在一个"正确的"东西。这就是说，当人们看见不同的组织的时候，他在感觉领域内真实地感受到了两个不同的东西。这一点同当时很多心理学家的解释都大相径庭，后来也受到维特根斯坦的批判。

第六节　科勒理论中潜在的问题

科勒的心理学理论比较成功地解释了一些现象，但也引出了一些充满争议的新问题。本节中我们就分析一下其中潜在的一些问题。准确地说，这些问题主要是除了维特根斯坦之外的人对科勒的批判，其中有些是从自然科学的角度提出的。当然，这些批评也会与维氏的批判有一定的联系。

---

① 参阅 Dinishak, *Wittgenstein and Köhler on Seeing and Seeing Aspects：A Comparative Study*，第 78 页。

② 参阅本章第七节中关于詹姆士的讨论。

第一个问题是科勒预设的一个基本前提：人的心理经验与神经系统中的过程存在着严格的一一对应关系，而且，这二者间存在着对称的因果关系，即前者中的事件可以因致后者中的事件，反之亦然。这是一种关于身心关系的假设，被称作同型论（isomorphism）。

《格式塔心理学》1947 年的版本中对同型论有这样一段表述：

> （同型论原则是）这样一种主题，即我们的经验和这些经验下的（神经）过程具有相同的结构。因此我们假定，当视野中呈现出一个作为分离实体的事物时，大脑中相应的过程也与周围的过程相对地隔离开。[1]

这意味着，在我们的经验和神经系统的活动之间存在着同构关系。也就是说，在经验的潜在过程（underlying processes）中，必然存在着与经验中的顺序相对应的功能性的东西。[2] 例如，我看到三个点，其中一个在另两个的中间，那么科勒会认为，无论是我们的经验还是其潜在过程之中，都同样存在着完全同构的、与"在……中间"（between）相一致的顺序。而且，无论就我们经验的空间、时间或非时空方面（比如合在一起 [belong together]）而言，都存在这样的同构性。科勒对此有着详细的论述。

就空间经验方面来说，"所有空间中的被经验到的顺序，都是生理过程的潜在的动力背景之中相应顺序的一个真实的表现"[3]。就时间经验方面来说，"时间中的被经验到的顺序，是潜在的动力背景之中相应的具体顺序的一个真实的表现"[4]。就合在一起的经

---

[1]　Köhler（1947），*Gestalt Psychology*，第 344 页。

[2]　参阅 Köhler，*Gestalt Psychology*，第 64 页。

[3]　同上。

[4]　同上书，第 65 页。

验方面而言，"对一个背景而言，被经验到的合在一起的'一个东西'，对应着一个潜在的生理学过程之中动力的单位或整体。"① 而且上面的原则同样适用于语言："我的语言，是我自己直接经验的适当的符号，是那些与之同时发生的生理学过程的客观的符号。"②

不过，这毕竟只是一种假说。一方面，它有着自己的积极意义，即一旦这种学说可以成立，那么我们就可以通过研究大脑结构及其活动，来研究所有心理领域中的经验。另一方面，它既面临着理论上的困难，又有待于其他科学实验的佐证。不幸的是，现代的一些实验恰恰不支持这种假说。比如，卡尔·拉什利（Karl Lashley）和罗杰·斯佩里（Roger Sperry）将金质的箔片放入两只猴子的大脑皮层中，但并没有发现这种操作产生了任何相应的后果。③ 这意味着，同型论假说缺乏实验的支撑，而且还面临着被另一些实验证伪的危险。

在我们所关心的"组织改变"的问题上，尽管组织的存在和改变本身并不需要科勒意义上的同型论支持，但如果科勒坚持认为，组织的改变既是一种感觉事实，又可以受到主体态度的影响，那么他就必须坚持同型论。这是因为，如果没有神经系统过程与经验之间的同构性，那么我们就不能很好地解释，为什么可以根据意志来将有歧义的对象看成我们想看成的样子。当然，一种折中的方案是倒退到如下一种较弱的立场上：不坚持神经系统过程和经验间

---

① 参阅 Köhler, *Gestalt Psychology*，第 66 页。

② 以上四段引文在原作中都用斜体表示强调，但本书的译文不再采用表示强调的字体。

③ 关于这个实验及其他一些相关实验，参阅 "Revisiting Wittgenstein on Köhler and Gestalt psychology"，*Journal of the History of the Behavioral Sciences*，第 111 页。在当代也有一些同型论的支持者，比如斯蒂芬·莱哈尔（Steven Lehar）等人的实验，这表明科勒在今日仍不乏知音。不过，一方面，这些实验的成功很难说证明了这种假说的成功；另一方面，以维特根斯坦为代表的哲学家会说，这根本不是一个依靠实验可以解决的问题。在这个问题中，哲学预设和科学实验交织在一起。单纯依靠实验证实或证伪这个问题是不太可能的，人们必须首先澄清其中的理论预设。

的同构性，只坚持经验需要相应的过程作为基础，当过程改变时也会有相应的经验改变发生。这种立场或许会受到哲学家的欢迎，因为我们可以用"伴生关系"（supervenience）[1] 来解释相应的现象。但这恐怕很难被科勒接受，因为心理学家的美好愿望就是能够通过研究大脑结构和神经系统过程来研究我们的经验，进而将后者尽可能多地还原为前者。这种较弱的立场显然不能提供这样的理论基础，因为二者间完美的同构关系被抛弃了。

不过，同型论本身、甚至于心理学家的美好愿望本身，都是有争议的。这里我们不宜在这片沼泽地里进行更多的探讨。其实，引入这个问题的目的是为了回应维特根斯坦对科勒的如下批评："科勒没有处理的是这样的事实，即人们可以这样或那样地来注视图形2，而这种面相至少在某种程度内是服从于意志的。"（BPP I 971/MS 134：174）[2] 科勒并没有回避"组织改变"何以服从于意志的问题。不过在他看来，这个问题的解决根本上要依赖于实验所解释的大脑过程或神经系统活动，而这在理论上就要求坚持同型论的立场，或者至少坚持那种较弱的立场的成立——当然，对心理学家来说，较弱的立场还是缺乏实践上的意义。科勒对这个问题处理得不够精致，这种不精致并非出自他思考上的疏忽，而是源于心理学家与哲学家关心问题角度的不同。在这里，"组织改变"为什么服从于意志这个问题不大能引起科勒的兴趣，他更为看重的是前者如何服从于后者。

这反映出心理学家与哲学家的不同，他们试图从各自的领域出发来解决面前的困难。不过，与上述这个本身从科学角度提出的问题相比，下面的三个问题则都来自哲学家从理论上对科勒进行的指

---

[1] 参阅韩林合：《分析的形而上学》，第100—101页。

[2] "图形2"指如右图形：

责。这些问题更有利于将我们的讨论带入本书的主旨，即哲学家维特根斯坦如何批判心理学家科勒。在这里我们只是简要地介绍它们，毕竟，在足够详实地阐述维氏的观点之前，我们不大可能充分理解这些批评。在合适的时机，我们会更详细地阐述在维特根斯坦眼中科勒所犯的根本性的错误。

第一，科勒建立起了格式塔之于意义的优先地位。如此表述这个问题的人是舒特。[①] 在他看来，科勒的一个核心论点是，对于纯粹格式塔的感知，是给一个对象以意义的可能性的前提条件。格式塔本身并没有意义，但却是意义得以可能的条件。不过，这样的说法显然会遭受哲学家的反驳。一个最直接的指责是，我们对格式塔的"描述"很难独立于意义。比如，当一个人描述黑暗中模糊不清的对象时，会使用各种概念对其进行描述，比如大小、形状等。不过，科勒大概不会在意这样的反驳，因为在他看来，"格式塔"本身的产生与对格式塔的描述是两回事，心理学的实验方法可以帮助我们在独立于这些描述的情形下对格式塔进行研究。维特根斯坦并没有在这个问题上直接指责科勒，他采取了更巧妙的策略。以下两个问题就与他的策略有关。

第二，一条间接来自维氏的指责是，科勒切断了"组织改变"与思想之间的本质联系。这里所谓的"思想"，在下一节以及随后的讨论中我们还会详细谈到。简单地说，有一些组织的改变在本质上要依赖于思想的作用，比如依赖于通过学习而掌握的概念的作用，此时很难说"组织改变"在本质上是一种感觉事实的改变。如前面所指出的那样，科勒并不否认知识在"组织改变"中可能起到的作用，但绝不认为组织及其改变与知识之间有本质上的联系。我们会在第二章详细讨论这个问题。

第三，一条直接来自维氏的指责是，根据科勒的解释，作为一

---

① 参阅 Schulte, *Experience and Expression*，第 82 页。

种感觉事实的组织，与其他的那些感觉事实——例如颜色和形状①等——处于同一层次上（on a par）②，都是感觉领域中整体的一种性质。科勒认为，"从格式塔理论的角度看，'感觉组织'与感觉动力中的其他方面一样，都是自然和原初的事实。"③ 这是因为：首先，无论组织还是颜色、形状，都无疑是在感觉领域中的；其次，它们都对应着各自的动力学分布，因此也就对应着各自的神经系统中的过程；再次，它们都是在更高级的理智活动参与进来之前就存在于感觉之中的，因此是"自然和原初的事实"。

对此，维特根斯坦有这样的评论：

> 科勒用视网膜和神经系统中的过程这个概念来进行思考。他说，一个轮廓可以被指向这个或那个方面，而这一点或许可以通过指向这里或那里的电流（Ströme）而得到解释。当人们以心理学的方式进行思考（physiologisch denkt）时，颜色、形状和面相自然就在同一层次上。但是在看时所发生的生理学过程，并不是我们通过看所感知到的过程。（MS 135：39—40）

维氏指出，科勒按照格式塔心理学原则来看待我们面前的日常对象。由于组织、颜色和形状都属于感觉领域，尽管它们各自对应着相应的神经系统中的不同活动，但这些活动无疑都是不相上下

---

① 这里的"形状"，对应英文中的"shape"一词，指感觉领域中的东西具有的几何形状（如三角形等）；而本书中的"形式"则对应"form"一词，是"感觉组织"的属性。科勒本人并没有直接论述组织与形状的关系，而且从关于"格式塔"两种意义的介绍中可以看出，他几乎不加区别地使用"shape"和"form"这两个词。准确地说，这种区分是在维特根斯坦的术语中才出现的。不过，科勒应当也会接受这种区分，因为当一个人用"锐角"或"钝角"这样的语词来描述某个对象时，显然不是在谈论一个格式塔，而只是在谈论某种"形状"。只不过科勒并没有明确地阐述这一点。

② 这里的"同一层次"来自维特根斯坦的手稿 MS 135：39，英文译为"on a par"，其对应的德文原文为"auf einer Stufe"。也可以理解为"不相上下"或"等量齐观"。

③ Köhler, *Gestalt Psychology*, 第 216 页。

的。到这里似乎还看不出此处蕴含着怎样的危机，不过，我们不妨先记住这种问题的征兆。在接下来的讨论中，维特根斯坦将用他独特的语言分析的方法来揭示这个征兆背后隐藏的致命疾病，以至于他可以断言："这一点足以终结'组织'和颜色以及形状在视觉印象中的对比。"（PU II xi 136）

第七节　詹姆士和雅斯特罗对相关问题的解释

我们在前面几节中比较详细地介绍了科勒的学说。但除了科勒之外，许多心理学家都试图解释类似的现象。因此，完全有必要再介绍一下其他具有代表性的解决方案，而且，这些方案会与本书接下来的研究紧密相关。尽管关于科勒的讨论占据了更多的篇幅，但这并不意味着本节内容的重要性不如之前几节。实际上，我们应当把本节提到的观点当作科勒观点的一种对应物。这种对应观点主要由两位美国心理学家威廉·詹姆士（William James）和约瑟夫·雅斯特罗（Joseph Jastrow）提供。维特根斯坦本人在讨论面相问题时最著名的例子——鸭兔头（dark - rabbit）——就是取自雅斯特罗的著作。此外，詹姆士也是维氏多次引用和评论过的对象。因此，在开始进一步的研究之前，我们有必要来简单了解一下他们二人对相关问题的解释。

詹姆士关于心理领域问题的基本看法是这样的：原初的感觉经验是均匀的连续体（uniform continuity），所有的切割（cuts）和划界（boundaries）都是出于实用主义的目的而被加诸感觉经验之上的；局部的感觉经验和其相邻的感觉经验间的交织，不可能用纯粹的智性的理论来把握。在科勒看来，詹姆士的这种立场受到了经验主义倾向的影响。①

而詹姆士对"组织改变"问题的阐述，集中在他的著作《心

---

① 参阅 Köhler, *Gestalt Psychology*，第 148—149 页。

理学原理》（*the Principles of Psychology*）的"空间感知"（"the Perception of Space"）一章中。

在这一章中，詹姆士列举了下面一些可以被看作立体事物的二维图片：

　　　平面的图示也可以被看作立体的，而且可以以不止一种方式。例如，图片74、75和76就是有歧义的透视法投影，它们中的每一个都可能让我们想起两个不同的自然物。当我们看着这个图形的时候，似乎可以完全看见我们所清晰设想出的事物的坚固性。一些练习可以帮助我们根据意志将这些图片从一个事物转变成另一个事物。①

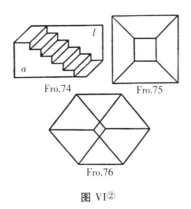

图 VI②

詹姆士并不认为这种经验是真实的，而是将其称作"幻觉"（illusion）。在他看来，真实经验的标准应是视网膜上的图像。例如，在下述图形中（图Ⅶ），我们视网膜上的图像是椭圆的，但我们既可以将其看作是 a 边离我们更近的圆形，也可以看作是 b 边离我们更近的圆形。

---

① 　James，*The Principles of Psychology II*，第 256 页。

② 　同上书，第 256 页。原书中这三幅图片就是这样排布在一起。

图 VII①

为了解释这一幻觉产生的原因，詹姆士做出了"感觉"（sensation）和"感知"（perception）②的区分。所谓感觉，是指"意识的起源中最初的东西"。"感觉作为神经之流的直接的意识结果而出现，这些神经之流立即进入大脑，这一点发生在它在较早的经验上唤起提示性的（suggestive）或联想性的（assoziative）作用之前"。"一旦之前的经验对感觉到的颜色、声音或气味等起到了提示性或联想性的作用的话，那么这种更高级形式的意识就不再是纯粹的感觉，而是感知。"③ 因此，这种经验就是一种"错误的感知"。④

根据这种区分，当看见一幅有歧义的示意图时，我们在感觉领域内把握到的东西是始终如一的。但当更高级的意识功能参与其中以后，我们可以根据意志把示意图联想为自己想看见的东西。也就是说，这种变化发生在感知而非感觉领域之中。因为，"如果形状和长度是原初的视网膜上的感觉，那么视网膜上的矩形就不会变成锐角的或是钝角的，而线条也不会改变它们相对的长度。如果浮雕（relief）是视觉感觉，它就不会在所有视觉条件不变的情况下来回

① 引自 James，*The Principles of Psychology* II，第 255 页。

② 这里"感知"一词的含义，与本书使用"感知"一词的含义不同。笔者是在一种十分宽泛的意义上使用"感知"这个概念的，指人类的各种认知或知觉活动，并不是与"感觉"截然分开的。

③ 以上三段话转引自 Liu，*Wittgenstein über das Aspektsehen*，第 84 页。

④ 同上书，第 87 页，

变化。"① 詹姆士认为，在这些有歧义的示意图中，"真实的对象，即一个平面上相互交织的线条，由一种被我们描绘为看到的、想象的固体所取代。实际上它并没有被看到，而只是如此活生生地被设想以至于接近于一种实际中的视觉。"② 关于我们所见之物改变的原因，詹姆士是这样概括的："真实的视网膜图像收到了不同的来自心灵的评论。" ③

不过，在上面这些图片中，人们都更倾向于将其看作立体的而非平面的。詹姆士认为这应当归因于两点，即概率（probability）和习惯（habit），这就是说，在过去的经验中，我们拥有更多关于它们的立体的而非平面的经验，因而会更习惯于将其看作固体（比如把图74看作楼梯）。尽管詹姆士并没有使用恒常性一词，但却使用了类似的"顽固"（obstinacy）和"陈规"（stereotype）等词，用来表示这种经验在感知中所起的作用。这种对过去经验的诉求，与科勒批评的内省主义的立场几乎如出一辙。

总之，詹姆士认为，在这种体验中，"图像被正确地看到，但却被错误地解释了"。④ 这种观点不仅不被科勒接受，还遭到了维特根斯坦的坚决批判。

另一位心理学家雅斯特罗讨论相关问题的文本，集中在他的著作《心理学中的事实与寓言》（*Fact and Fable in Psychology*）中的"心灵之眼"（"The Mind's Eye"）一章，在其中他引用了詹姆士讨论相关问题的许多图片。⑤ 雅斯特罗也认为这种经验属于幻觉，但他并没有建立类似詹姆士那样"感觉"和"感知"的区分。他做出的是"物理之眼"和"精神之眼"之分。其中，"物理之眼"被比作照相机，"它的眼睑遮盖住它的虹膜、透镜和感光片——视

---

① James, *The Principles of Psychology* II，第257页。着重号为原作者所加。

② 同上书，第257—258页。着重号为原作者所加。

③ 同上书，第258页。着重号为原作者所加。

④ Liu, *Wittgenstein über das Aspektsehen*，第87页。

⑤ 同上书，参阅第87页。

网膜；当适当地调节好距离和光线的时候，视网膜上的图像就如同在感光片上的照片那样形成了"①。随后，"物理之眼"产生的图像还会传送到"心灵之眼"前进行加工，如同冲洗照片一样。② 这被雅斯特罗称为双重的过程：

> 真实的看、观察都是双重的过程，部分是客观的或外在的——所见之物和视网膜，而部分是主观的和内在的——被神秘地传递到心灵的表象、大脑，在那里被接受并和其他图像联系在一起。③

雅斯特罗认为，通过这两种"眼睛"的不同，自己可以解释如下问题，即为什么我们可以用不同的方式看同一幅图画：

> 一般来说我们看见的一直都是同一样东西，视网膜上的图像从未变化。但当我们将注意力从视野中的一部分（one portion of the view）转移到另一部分时，或者当我一边设想这个图形表现着不同的东西一边看着它时，它就显示出不同的面相，并在我们的精神之眼前变成一个非常不同的东西。④

可以看到，詹姆士和雅斯特罗都主张，对改变的把握发生在与感觉不同的另外一个领域内。对这个领域来说，面相可以被看作一种错觉，或仅仅是解释上的不同。这种观点应当会得到内省主义者的同情，因为他们也主张，对这些有歧义的图片的观看并不是纯粹的经验；而图片会发生"改变"这一点，只能由更高级的心智活动的参与来解释。因此，无论内省主义者、詹姆士还是雅斯特罗，

---

① Jastrow, *Fact and Fable in Psychology*，第 275 页。
② 参阅 Liu, *Wittgenstein über das Aspektsehen*，第 88 页。
③ Jastrow, *Fact and Fable in Psychology*，第 276 页。
④ 同上书，第 283 页。

他们都认为这种改变不是一种"感觉事实"。与此相反，尽管科勒也认为有些面相改变的原因来自神经过程中的其他领域，但他坚称，面相的改变仍然是感觉领域中的事实。不过，更进一步地说，无论科勒还是詹姆士、雅斯特罗，都认为这种"面相转变"① 的体验发生在某种单一的领域之内，只不过这个领域在科勒看来是感觉，在詹姆士和雅斯特罗看来则是"感知"或"心灵之眼"。

至此，关于这种"改变"的两种基本解答方案都已经呈现出来了。其中一种是以詹姆士、雅斯特罗为代表的"解释"的方案，即有歧义的图片是被正确地看见、但却被错误地解释了——该方案会得到内省主义的同情，另一种是科勒的"感觉组织"方案，即图片的组织发生了改变，而且这种改变是感觉领域中的事实。这两种观点都受到了维特根斯坦的批判。在维氏看来，尽管它们各自的"病情"不同，但都无一例外地犯了"语法错误"。

---

① 其实到这里我们都还没有正式引入"面相"这个概念，在这里称其为"对有歧义的图片的看"也许更为合适。从第二章开始，我们将以维特根斯坦对这种体验的定义为标准来进行讨论。

第二章 维特根斯坦对心理学家的批判

第一节 什么是"面相"

在上一章的讨论中，我们主要介绍了维特根斯坦在理论上的两个对手，即解释的方案和"感觉组织"的方案。从总体上看，维氏对这两种方案都给予了彻底的批评，不过，他采取的具体论证又十分不同。在本章中，我们要重构他对这两个理论对手的反驳。为此，我们必须首先确定维氏对相关术语的定义，并搭建起他进行讨论的基本框架。而"意义体验"的问题在本章和下一章中都暂时不会出现。

在前一章的行文中，我们已经多次触碰到了"面相"（Aspekt/aspect）这个概念，但都出于避免概念混淆的目的而没有直接引入它。更有甚者，我们还不加区分地使用了"组织"和"面相"这两个概念。如此粗略的用法严格说来是不可取的，因为这会假定维氏完全是在科勒理论的框架之内讨论问题，这并不符合事实。因此，从这里开始，我们要正式引入维氏对于"面相"的定义，并考察它同科勒的"组织"概念之间的区别和联系。

幸运的是，尽管维特根斯坦的著作以混乱和令人难以捉摸而著称，但他却在《哲学研究》第二部分第十一大段中给出了关于面相的明确定义：

我观察一张面孔，然后我注意到它与另一张面孔的相似性。我看见，它并没有发生变化；但我的确以不同的方式在看它。我把这种经验称作"注意到一个面相"。（PU II xi 113）

这似乎是一条悖论，而维氏关于面相问题的全部评论就是为了解答这条悖论，心理学家们的解释也可以说是他们对这条悖论的回应。

上述评论表明，"注意到一个面相"这一现象可以从两个角度来陈述：一是从没有注意到两张面孔之间的相似性，到注意到这种相似性的转变；二是不同地看同一张面孔。之所以要将这二者分开，是因为第二种角度直接地适用于我们在第一章中所讨论的有歧义的图像，而第一种则不然。如维氏所说："一个人可能准确地描画出这两张面孔；但另一个人则可能在图画中注意到第一个人没有看到的相似性。"（PU II xi 112）只有当我们将面孔作为图画加以比较时，才能从第二种角度加以陈述。不过，无论哪种陈述都包含必不可少的两个方面：第一是所见之物本身没有发生变化；第二是它看上去又确实有所不同。任何不能同时符合这两条标准的现象，都不属于"注意到一个面相"的范围。因此，这两个方面构成了我们判断一种感知活动是否属于"注意到一个面相"的两条标准。

但是，维氏更经常使用的"面相观看"（Aspektsehen）或者"看到一个面相"（das Sehen eines Aspekts）的概念，则不能直接等同于"注意到一个面相"。"注意"的用法，似乎比"看"要广阔得多。在具体的使用上，"注意"一词可能涉及人类的其他感官，比如听觉、嗅觉等，它表达的可能是一种复杂而非单一的体验。[①] 在 PU II xi 113 中，维氏之所以要把"看"与"注意"连用，是因为视觉的情况是其中的一种典型的情况，也是维氏最为关心的

---

① 关于这两个概念的详细区分，参阅 Liu, *Wittgenstein über das Aspektsehen*，第 34—37 页。

问题。他在这里使用"注意"而非"看",应该是想通过使用一个更为模糊的概念的方法,来避免可能的混淆。因为"看见相似性"① 这种表述的含义究竟是什么,恰恰是有待研究的,如果直接将问题表述为"看见一个面相",实际上就将复杂的问题变得过于简单化了。当我们考察"注意到一个面相"这个更为一般的现象之后再引入"看到一个面相"或"面相观看",就会避免这种错误。这个问题我们在下一节中会进一步讨论。

尽管这个定义显得比较明确,但我们在实践中却会遇到各种不同的面相。很多学者都总结了维氏所提出的各种面相的情况,我们这里参照比较详细的、由塞弗林·施罗德(Severin Schroeder)概括的七个例子:

第一,看见两张面孔之间的相似性(PU II xi 111 和 113);

第二,将一幅几何图画看作一个玻璃立方体或一个倒置的打开的盒子(PU II xi 116),或者将三角形想象成是倒置着的或是一座山等等(PU II xi 162);

第三,图 VIII 是取自雅斯特罗的鸭兔头图片(PU II xi 118),它既可以被看作一只鸭子,也可以被看成一只兔子;另一个例子是这样一幅画谜:图画中原先是树权的东西现在被认出是一张人脸(PU II xi 131);

图 VIII

第四,一个人认出某个熟悉的对象(PU II xi 141),或认出一位故人(PU II xi 143—144);

第五,将二维的图画或对象看作是立体的(PU II xi 148);

---

① 关于"看作"与相似性的关系,参阅本书第三章第五节。

第六，将图画中的球体看作是在空气中漂浮着的（PU II xi 169），或看见画中的马在奔腾（PU II xi 175）；

第七，将等距离的点看作不同的组合，即"组织面相"（PU II xi 220—221）。①

上述引用的很多事例都会在随后的讨论中再次出现。在这里，它们的使命在于让我们能够概览一下维氏对于"面相"一词使用的多样性。当然，这种多样性并不违背上述两条标准。我们把现在在对象中看到而之前没有看到的东西，称作一个新的"面相"，这其中的改变并非由对象的改变产生，而是相应于我们自己看待对象的方式（Sichtweise）的变化。

上述两条标准——尤其是第一条标准——的限制，意味着任何对象自身在其中发生变化的情况都必须被排除在关于"面相"的讨论之外，请参考如下评论：

> 我想描述自己所看到的东西，为此我制作了一个透明体。但现在有人问我"是这个在前面而这个在后面吗"？于是我通过语词或一个模型来描述自己看到的在前面或在后面的东西。现在又有人问我"你把这个点看作三角形的顶点吗"？我也必须做出回答。——但是对此我必须给出一个答案吗？——请设想，目光的朝向（Blickrichtung）决定了面相，尽管这不是真实情况。在一种情形下，我的目光始终指向图像上的同一个点，而在另一种情形下，我的目光依据一条简单的规则而有规律地移动，在第三种情形下，我的目光在该对象之上毫无规律地游移。如果我们现在用对目光朝向的描述来代替对面相的描述，那么在目光无规律地或不确定地游移的情况下，这难道就不是一种描述吗？而这甚至正是通常的情形。——因此，针对

---

① 以上内容请参阅 Schroeder, "A Tale of Two Problems: Wittgenstein's Discussionof Aspect Perception"。

"你是否把这个点看作三角形的顶点?"这个问题的回答可以是:"我不能命名任何确定的面相",或者"无论如何我并没有看到它是这样的。"(BPP I 429/ MS 132:43—45)

这种经验的表露是:"我现在把这个看作金字塔;现在看作有对角线的正方形。"——这个我一会儿这样看一会儿那样看的"这个",是什么?是这幅图像吗?我是怎么知道它两次是同样的图像?我是仅仅知道这一点,还是也看见了这一点?——如果人们证明,当被看作不同的东西时,这幅图像都发生了轻微的变化;或者视觉图像发生了轻微的变化,那么情况又当如何?例如一条线看上去比之前略粗,或比之前略细。(BPP I 31/ MS 130:114—115)

显然,上面两条评论声称,像视线的游移或视角的改变这样的情况,必须被排除在面相之外。我们在这时不能说"我看见它没有发生变化",因而不存在一种变与不变之间的悖论。

除了视线的游移之外,我们还需要将"注意到一个面相"同其他一些类似的情形区别开来。如下两种情形就是典型的代表:

第一种是,一只兔子突然窜出来,我惊呼道:"一只兔子!"如果一个人看见一个新的面相,那么他也可能发出一声惊呼。但这种惊呼只是一种新的"看见"的结果,而非这种"看"的一部分。在上述情景中,窜过的兔子是一种新出现的东西。

第二种是,我在黑暗中看见某物模糊的影子,随后看清它究竟是什么。这是科勒曾经举过的例子,用来证明我们对其只有很模糊的感知的事物也可以成为一个对象。但这时,人们明显在其中加入了自己的判断。无论认为是我们错误地判断了对象,还是在认出它之前产生了幻觉或假象,都不符合第一条标准。所以,这只不过是真实地看见某物的一种比较特殊的情况,是在真实地看见之前的一种错误或假象。①

上述这些区分帮助我们大致划定了"注意到一个面相"的界限。不过要了解这种现象的真正含义，还必须考虑它的本质特征。从"注意到一个面相"的两条标准来看，只有在很严格的条件下——即同时满足这两条标准——面相才会引起人们的注意。对此维氏有如下评论：

> 面相似乎只有通过面相转变（Wechsels）现象才与其他的看区别开来。就好像人们在面相转变的经验之后才能说："因此这里有一种面相存在！"（BPP I 415/ MS 132：21—22）
>
> 如果一个人把一样东西的油漆擦掉，那么人们可以说"因此它曾经是有一种油漆的"。——可是如果一个物体的颜色发生变化，——我是不是可以说"那么它曾经是有颜色的！"——就好像我刚刚才想到这一点？
>
> 人们是不是可以说：当一个物体的颜色发生变化时，我才意识到它曾经是有颜色的？（BPP I 416/ MS 132：22）
>
> 我们只有在变化中才意识到面相。就像当一个人只意识到音调的变化，而没有绝对辨音力一样。（BPP I 1034/ MS 135：48）

这些评论告诉我们，与颜色这样的性质不同，面相在没有改变时是不被人们意识到的。在此情形下，我们也不能有效地谈论什么是一个面相。但就颜色而言，在未改变时我们却可以有意义地谈论它。这就是说，通常情况下，说某物"是什么颜色的"是有意义的，但在感知没有发生改变的情况下，说某物具有什么"面相"，却是没有意义的。因此，"变化"对于注意到一个面相而言是本质上的，这一点使得它同其他感知现象——例如对颜色的感知——区

---

① 参阅 J. F. M. Hunter 的文章 "Wittgenstein on Seeing and Seeing – as"。

别开来。

在大致了解了这些要点之后，我们立即面临这样一个问题："面相"与科勒所说的"感觉组织"有着怎样的区别和联系？

依据上述讨论，我们可以来对比一下维特根斯坦和科勒在术语使用上的异同。概言之，科勒的"感觉组织改变"概念比维氏的"面相转变"概念要狭窄得多，不过他们讨论的核心都是对有歧义的图片的看。在科勒那里，"感觉组织"是一切感知的前提条件之一，而"组织改变"则主要涉及视觉领域内感觉事实的一种变化。而对维氏来说，"注意到一个面相"是人类各种体验中的一种，可能涉及各种对象及人的各种认知能力。科勒的讨论其实只涉及维氏讨论中的一个部分，比如上述所举的关于面相的第七个例子。但我们也可以根据科勒的理论，对维氏讨论中某些超出"感觉组织"之外的现象给出一种合理的阐释。当然，这种阐释不太可能得到维氏的赞同。关于这一点，我们会在本章最后两节及第三章第三节中进行进一步的讨论。

为了使本节的内容不至于显得过于凌乱，我们在这里先总结一下所有术语上的限定和区分，然后再继续更为深入的研究。

维特根斯坦在引入"面相观看"这个问题时所使用的语词是"注意到一个面相"，这是一种比"对面相的看"或"面相观看"更为一般性的表述，它避免了术语上的混淆，也开启了对"面相观看"的讨论。这种"注意"与视角的变换无关，也与视觉对象或视觉印象的任何改变无关，但在本质上与面相的转变联系在一起。它的具体情况是多种多样的，这种多样性给我们带来了定义上的困难。因此，与其说我们在本节中给出的是一种定义，倒不如说是给随后的讨论划定了一个相对清晰的界限，并将我们的注意力引向那些潜在的问题。这些问题包括面相的闪现与持续出现、面相与相似性的关系、什么叫做"看"、什么是"内在关系"，等等。甚至可以说，第二和第三章的全部内容，都是在寻求一种关于面相的准确定义。

第二节 表达式"把……看作……"

由于"注意到一个面相"和"看到一个面相"之间的差异，我们的讨论似乎陷入了一些困难。不过只要我们意识到，"看"是"注意"的一种典型情况，以及"注意到一个面相"所带来的概念使用上的好处，这种困难就可以被暂时搁置起来。而要想真正克服这个困难，我们还必须澄清"看到一个面相"或"看到相似性"究竟有着怎样的含义，尤其是其中的"看"究竟有着怎样的含义。这时，根据我们在导言中已经介绍过的维氏后期哲学的方法，一种对相应的语言游戏的研究就必不可少了。

为了进行这种研究，我们最好先来考虑相应的表达式的形式，以及它们可能被运用于其中的那些场景——也即它们可能出现于其中的那些语言游戏。

> 把某物一会儿看作这个，一会儿看作那个，这可能仅仅只是一种游戏。人们有时以这种方式对一个孩子说：——比如："现在它是……！现在……！"——而孩子则做出反应；我意指的是，他笑了，开始做各种这样的练习（好像人们使他注意到元音是有颜色的一样）。另一个孩子既没有感觉到这种颜色，也并不理解那种改变意指的是什么。（BPP II 40／MS 135：177—178）

让我们以鸭兔头为例。如果一个人想要表达第一节中提到的对面相的注意，那么他可以说："我首先看见一只兔子，然后看见一只鸭子。"在关于面孔的相似性的例子中，他也可以说："我首先看见一张面孔，然后看见它与另一张面孔的相似性。"不过，这样的表达式具有相当的模糊性和误导性，它似乎引导我们去相信，呈现在眼前的确实是两个不同的东西。而且，我们有时无法用这种表达式来区分面相转变与其他一些类似场景——比如对象自身发生变化的那些案例。于是，维氏将考察的注意力集中到另一种更有价值的表达式："把……看作……"。这种表达在德文中是"sehen…als…"，在英文中是"see…as…"，译为中文时需要对语词稍作调整。我们以"把 x 看作 y"为例，无论在德文还是英文中，"x"都跟随在动词"看"之后，但在中文里我们无法进行这样的表达。不过，只要我们记住这种翻译上的困难，就不会影响随后的讨论。而且为了方便起见，下文中涉及到这一表达式的时候都会将其简化为"看作"。

78

回到上述关于鸭兔头和相似性的例子。如果一个人要用"看作"表达对面相的注意，那么他可以说："我首先把这幅图画看作兔子，然后看作鸭子"；或者说："我首先把它看作一张面孔，然后把它看作与另一幅面孔相似的面孔"。后一个表达式显得有些别扭，这是因为我们对相似性的讨论还没有展开。此时我们姑且接受这种说法。

在维氏看来，问题的关键在于，并不是所有使用"看"的表达式都可以替换为使用"看作"的表达式。尽管在日常语言中人们可能出于各种目的或是随意地使用"看作"这个词，但作为哲学上的研究，我们必须做出一些必要的限定以考察它的独特用法。简单地说，维氏严格区分开了"看"和"看作"这两种表达式。只有在有面相转变出现的地方，我们才能真正有意义地使用"看作"，那些日常生活中任意性的使用，在哲学上（或在语法上）实际是没有意义的。请看如下评论：

> 而如果我从未把这幅图像看作除"F"外的任何东西，从未思考过它可能会是什么，那么人们会说，我把它看作 F；此时人们知道，它能够以其他方式被看到。
>
> 人们究竟是如何达到"把这个看作这个"这个概念的？在哪些场合（Gelegenheiten）中这个概念需要被建立起来？

（经常出现的情况是，在我们谈论艺术品时）例如，在这样的地方：被谈及的是一段通过眼睛或耳朵的片段（Phrasieren）。我们说"你必须把这些小节听作序曲"，"你必须倾听这段曲调"，但也说"我把'ne…pas'这句法语听作由两个部分组成的否定词，而不是听作'不是一个舞步'"等等。此时，这是一种真实的看见或听到吗？好吧：我们这样称呼它；我们在特定情况下用这些语词做出反应（mit…reagieren）。而且我们又通过某些特定的行为对这些语词做出反应（auf…reagieren）。（BPP I 1/Z 208/ MS 129：123—124）

类似的评论还有很多。在面相不可能出现的那些情形下，我们使用"看作"是没有意义的，因为"把 x 看作 x"这一表达式无非就是"看见 x"这种表达式的变体。与"把 x 看作 y"相比，"把 x 看作 x"完全不涉及两个不同的对象，因而是讲不通的。尽管这在日常生活中似乎没什么大问题，但如果我们一定要在哲学上采用这种表达，那就只会引起不必要的混淆。而且，"看"和"看作"还有如下最基本的区别：

> "'看这个'并不意味着：这样来反应，——因为我可以看而不做出反应。"自然如此。因为"我看"并不意味着：我做出反应，"他看"并不意味着：他做出反应，"我曾经看"也并不意味着：我曾经做出反应，等等。
>
> 即使当我看时总是说"我在看"，这句话也不是说："我说'我在看'"。（BPP I 83/ MS 130：140）

对于维氏来说，"看作"是一种与反应相关联的表达，它意味着人们用相应的语词来对某些对象做出反应，或是对某些语词做出反应。而这点并不适合于"看"。当我们"看"某个对象时，实际上并不是对这个对象做出反应，而是在感知这个对象。

上述这些评论告诉我们：一种独立于"看"的表达式是必须的，它应当能够表达我们关于面相观看的经验。这种表达式就是"看作"。在我们不能将一个对象看作其他东西的情况下，说"我把……看作……"或"我现在把……看作……"是没有意义的。如果我们追问说话者他这样说究竟想表达什么，那么也不会得到满意的答案。换言之，"看作"的使用预设了"把……看作……"的可能性，也即预设了一个人可以"试着把……看作……"：

> "我现在把它看作一个……"与"我试着把它看作一个……"和"我不能把它看作一个……"是并列的。但是我不能试着把一幅传统的关于狮子的图画看作一只狮子，就像我不能试着把 F 看作一个字母。（尽管我可以试图把它看作一副绞刑架。）（PU II xi 203）

但是，如果另外一个人用第三人称表述道："他把……看作……"或"他现在把……看作……"则是有意义的。这一点关乎维特根斯坦对第一人称和第三人称表达式做出的区分。在第一人称表达式中，"我把 x 看作 y"和"我看见 y"是没有实质性区分的，就如同"我疼"与我因为疼而发出的呼喊之间是没有实质性区分的一样。但如果另一人想陈述一件关于我的事情，那么他必须通过我的各种表现来推断我的经验。比如：

> 如果我听到一个人在谈论鸭兔头，并且他现在以某种方式谈论兔子面部的特定的表情，那么我就会说他现在把这幅图画看作兔子。（PU II xi 208）

> 对于"你看见了什么？"这个问题，我不能这样来回答："我现在把它看作一个图画兔子。"我应当仅仅描述我的感知而非其他；就像我说的是"我在那里看见一个红色的圆圈"。——

> 尽管如此，另一个人可以这样来谈论我："他把这个图形

看作图画兔子"。(PU II xi 121)

这意味着说"他把 x 看作 y"是有意义的,而且这与说"他看见 y"不同。这就如同说"他疼"和"他发出呼喊"之间的不同一样。在这里,他人必然要在某种推断的基础上,才能说"他把 x 看作 y"。这种区分的深刻意义在随后的讨论中还会再现。

不过,还存在很多类似于"看作"用法的情形——比如认作"、"当作"等——它们诱使我们把它们也考虑为是面相观看的一种。维氏认为,我们必须将这些情形同真正的"看作"区别开来,而这就意味着要考察"看作"与"认作"、"当作"等表达式的区别。

人们使用"认作……"的游戏可能有如下这些情况:第一,人们将两个彼此相对转动的轮子的运动看作一种或是另一种,但也可以把它认作(für…halten)一种或另一种(参阅 BPP I 26);第二,一个人以前总是将某个物体认作一个碗,但现在则不再这样了:"我没有感知到'面相'的转变。我的意思仅仅是:我现在看见了不同的东西,我现在有另一个视觉印象。"(BPP I 28/ MS 130:111)从这些例子可以看出,关于"看作"和"认作",我们应当以从以下三个方面做出区分。

首先,在"认作"中没有面相转变这一现象,因为在"我把 x 认作 y"这一表达式中,我关于 x 的视觉印象本身发生了变化。在"认作"中,情况类似于第一节中提到的黑暗角落中的物体。人们在"认作"中明确地做出某种判断,这一判断可以被证明为真或假,而"看作"却并不是一种判断。

请你设想这幅有歧义的图像①被运用在连环画之中:例如,一只其他的动物遇见一只鸭子并把它认作一只兔子,这是

---

① 指鸭兔头。

不可能的；但是一个人在昏暗中从侧面把一只鸭子认作是兔子，这却是可能的。（BPP I 76/ MS 130：135）

其次，与"认作"相对而言的表达式，跟与"看作"相对而言的表达式不同。"看作"是一种与"看"相关的表达式，"我把 x 看作 y"与"我看见 y"是相对而言的。"认作"则是一种与"是"相关的表达式，"我把 x 当作 y"与"x 是 y"相对应，前者实际上可以被理解为："我认为 x 是 y"。

再次，与"认作"对应的问题是"那是什么"，而与"看作"相对应的问题则是"你看见了什么"。这意味着它们各自适用于完全不同的语境，有着完全不同的用法。（参阅 BPP I 977）

不过，这两种表达式之间又有这样的联系：如果某人将某物"认作"什么，那么我们可以由此推断出他把这个对象"看作"什么。这是一种第三人称的表达，它依赖于对这个人的行为或手势、表情等的观察：

> 如果这个孩子把这幅图像认作这个或那个，那么我会推论说"因此他这样来看这幅图像"——我做出的是怎样的一种推论？这个推论告诉我什么？人们可能会说，我推论出的是那种感觉材料或视觉图像；仿佛这个结论是说："因此他心中的图像是这样的"；而现在人们必定对它做出了生动形象的（plastisch）描绘。（BPP I 426/ MS 132：37—38）

至于"看作"和"当作"的区分，我们可以参考下面这个儿童游戏：

> 当孩子们在玩铁路游戏时，——我应当说，模仿火车头的那个孩子被另一个孩子看作是火车头吗？他在这个游戏中被当作（als…*aufgefaßt*）火车头。

　　请你设想，我把这个形状 展示给一个成年人并问道"对此你想起了什么"，然后他回答说"一个火车头"——这意味着他把它看作了火车头吗？

　　也就是说，如果某个人说"现在我把它看作这个，现在看作那个"，那么我便认为这是典型的"把什么看作什么"的游戏。因此，如果他知道不同的面相，并且这一点独立于他对所观察到的东西的任何一种使用，那么情况也是如此。

　　所以我想这样说：我不把图像的任何使用看作这幅图像被这样或那样看的标志。（BPP I 411/ MS 132：11—13）

　　"当作"是一种对图画或对象的使用。当一个人（比如儿童）将某物当作某物时，其实就是在这样或那样地来使用该物。这种语言游戏与把什么看作什么的语言游戏完全不同：在关于"当作"的游戏中，那个被当作某物的东西，会被作为那个事物本身来对待。比如，在铁道游戏中，被当作火车头的孩子就被当作火车头本身来对待。此时，说别的孩子把他"看作"火车头固然没有错误，但并不符合这个游戏的玩法。而在关于"看作"的游戏中，说话者所要表达的是自己对于某对象的一种看待方式，而非自己使用该对象的意图。因此，"看作"应当独立于对该对象的使用，而且这种使用也不能作为"看作"的一种象征或标志。

　　在澄清了"看作"与其他一些表达式的区别之后，我们对面相观看有了进一步的认识。如果用"把 x 看作 y"来表述这种经验，那么在面相改变之中，我们确定 x 没有发生任何变化，但却将其看作不同的东西（比如 y_1 和 y_2）。据此，可以对"面相"加以这样简要的概括：在适合"把 x 看作 y"这种表达式的情形下，y 是 x 的一个面相。

第三节 "看作"与所见之物

不过，上述讨论可能将我们引向另一个误区，即"看作"是与"看"完全不相关的另一种表达。这种误区意味着，"看作"并不真正适合于"看"所对应的那些语言游戏。比如，一个人问道："你看见了什么？"那么回答会是："我看见……"或"我把……看作……"。如果认为"看作"与"看"不相关，那么"我把……看作……"就不能被用来回答那个问题——但这显然不符合我们对日常语言的用法。而且，在维特根斯坦看来，这体现了对"你看见了什么"这个问题本身的误解。

> 什么是对我看见什么的描述？（这并不仅仅意味着：我应当用哪些语词来描述我看见的东西？——也意味着："一种对于我所看见的东西的描述，看上去是怎样的呢？我应当用它来称呼什么？"）（BPP I 89/ MS 130：144）

"你看见了什么"这个问题，意味着一种对于"所见之物"（das Gesehenen）的提问，与之相应的回答是对于所见之物的描述（Beschreibung des Gesehenen）。为了弄清楚这一问答的含义，我们可以考察一些具体的语言游戏。

第一个游戏是看见奔腾的马。假设现在有一幅马的图画在我眼前，表现的是这匹马在奔腾。此时如果有人问道："你看见了什么？"那么我会回答说："我看见马在奔腾。"或者我可以将画中的细节全部详细描绘一遍：有一匹棕色的马，两条前腿呈现怎样的弯曲角度，两条后腿又如何如何，等等。

第二个游戏是立体的看。人类有一种非常常见的视觉体验，即把二维的图画看成一个立体的对象，这种体验可以被称作"立体的看"。而这一点要求一种对于深度的"看"：

84

"人们能真实地看见深度吗?"——"如果人们看见颜色和形状,那么为什么不应当能够看见深度?! 视网膜图像是二维的这一点,并不能为相反的说法提供根据。"——当然不是;但这个回答并不适合上述问题。该问题是这样产生的:如果我一次通过透明的东西来描述颜色和形状,另一次用一个手势或侧影来描绘深度的维度(Tiefdimension),那么对所见之物的描述——我们所谓的"对所见之物的描述"——就是其他种类的。(BPP I 85/ MS 130:141—142)

人们对待立体对象和二维对象时会有如下差别:立体对象往往被当作它所表现的那个对象本身来对待,二维对象则不然。

第三个游戏是"看见胆怯"。在 BPP I 1066 中,有这样一个生动的例子:"我看见,那个孩子想抚摸那条狗,可是他不敢。"这个句子显然是有意义的,维氏在这里要质问的是:我们如何能"看见"这个孩子"想做"的事情,又如何看见他的"不敢"?这种对所见之物的描绘与对形状和颜色的描绘是否"在同一层次上"(auf gleicher Stufe)?

所有这些问题,最终都关系到我们如何理解"看"这个动词与颜色、形状、(科勒所说的)组织、动作、目光、情感等等语词之间的关系。对此,不同的哲学家或许会有完全不同的看法。

一种流行的看法是,我们不能在与看见动作、形状和颜色的同等意义上,看见表情或羞怯等。(参阅 BPP I 1070)维特根斯坦认为,持有这种观点的人是"纯粹主义者"(Purist):

　　如果一个人说"我实际上没有看见目光,而仅仅看见形状和颜色",——那么他在反驳朴素的表达式吗? 他是不是说这样的一个人是错误的:他说他曾经看见我的目光,看见一个人的眼睛注视着虚空? 显然不是。那么这个纯粹主义者想做什么呢?

他是不是想说，用其他的词代替"看"是更加正确的？我相信，他只是想引起对概念间区分的注意。"看"这个词是如何与感知联系在一起的呢？我的意思是：这个词可以把它们作为感知同眼睛联系在一起；因为我们没有在眼睛中察觉到看。但一个坚持我们的日常表达式的正确性的人实际上要说：视觉印象中包含了所有东西；主观的眼睛含有形状、颜色、动作、表情和（朝向外面的）目光。人们没有在别的任何地方察觉到目光。但这并不意味着："在眼睛之外的任何地方"，而是：在视觉图像之外的任何地方。但如果情况不是这样的话，那又会怎样呢？或许我说："我在眼睛中看见这种或那种形状、颜色、动作，——这意味着它现在的目光是友好的"，好像我因此得出一个结论。——因此人们可以说：被感知到的目光的位置在主观的眼睛之中，在眼睛的视觉图像之中。（BPP I 1102／MS 123—125）

纯粹主义者并不赞同素朴的表达方式，在他们看来，这种表达方式并没有把握到真正的所见之物。将这种反对加以引申，就会得到如下观点：" '我真正看见的，必定是通过对象的作用（Einwirkung）而发生在我之中的东西。' ——那么这就是某种像复制品一样的东西，人们可以再次注视（anschauen）它，把它呈现在自己面前。它差不多像是一种物化之物（Materialisation）。" （BPP I 1075／参阅 PU II xi 158）这就是说，纯粹主义者把我们的视觉印象（Eindruck）当作对象（Gegenstand）来对待。尽管我们在描述自己的印象时会采用与描述对象相类似甚至相同的表达式，但这并不意味着这二者是相同的。实际上，我们不能像观察对象那样来观察自己的视觉印象。（参阅 BPP I 1084，1085）

在日常生活中，人们确实有一种反对如下观点的倾向："我们不能在同'看见'动作、形状和颜色相同的意义上'看见'表情、举止的羞怯等等"。（BPP I 1070）这种倾向性不仅源自"看"这个词的用法，也源自学习动作、形状和颜色词汇与学习表情、举止等词汇之间的相似性。（参阅 BPP I 1071）其实，我们日常的语言并没有那么的古怪，恰恰是哲学家在进行推理时所做的各种假定，使得日常语言显得古怪起来。（参阅 BPP I 1074）在此，我们的选择应当是拥抱那种素朴的日常语言，并"远离你的生理学偏见"。（BPP I 1101）这意味着，素朴的表达式其实并没有什么问题。

我们实际上需要弄清楚的是，在使用"看作"这样的表达式时，我们究竟是在表达自己的某种体验，还是在描述自己所感知到的某种对象，亦或是陈述一个关于自己某种内部状态的事实？更进一步地说，这种表达式的不同用法之间有着怎样的联系？要理解这两个相互关联的问题，我们首先必须澄清，自己所谓的体验是什么意思，所谓的感知是什么意思，所谓的"看"又是什么意思。而这些依赖于对相应表达式意义的阐明。在如下评论中，维氏通过给出关于视觉体验的标准，来阐发他对上述这些概念的理解。

87

> 什么是视觉体验的标准？——这种标准应当是什么？
> 对"什么是所见之物"的描绘。（PU II xi 146）
>
> 显然，对印象的描述具有"外部"对象的描述那样的形式——带有某些偏离。（例如一种特定的模糊性）
>
> 或者：总体来看，对印象的描述看上去类似于对一个对象的描述，这是一种对一个感知对象的描述。（因此，这种双目的看的观察应当会使谈论视觉对象的人感到些许不安。）（BPP I 1092/ MS 135：112—113）

如果采取上述纯粹主义者的立场，那么视觉体验就成了一种独立于描述之外的神秘之物。这是因为，根据他们的观点，在视觉体验中，我的目光实际上在不停地游移，我的内部状态也在不停地变化。在这种基础上，即使我们做出了一些描绘，它们也只能是模糊不清的。（参阅 BPP I 1079）然而，实际情况却是，使用日常语言所进行的描绘，恰恰就是我们所需要的那种对视觉体验的精确描绘。如果采用对颜色、形状等的描绘来取代日常的描绘，反而会带来各种模糊和混乱。比如，在 BPP I 1080 所举的例子中，我们面对一条奔腾的河流时会说："我看见河流在奔腾"；可是一旦我们尝试去描绘所看到的每个水滴或每个浪头的具体形态，那么很难想象这将是怎样一种混乱的描绘。可见，我们的视觉感知不能被还原为目光的游移等因素，那些关于视觉感知的日常表达式也不能被纯粹主义者所提议的表达式所取代。

88   因此，尽管对"所见之物是什么"这个问题来说，我们能够给出不同的答案，但在维氏看来，通过日常语言给出的回答（比如"马在奔腾"、"小孩不敢上前"或"看见目光"、"看见深度"等）才是最适合于这种语言游戏的。换句话说，在日常意义上对"看"的使用是讲得通的，也完全能够满足我们的需求，而那些纯粹主义的表达才是成问题的。

> 如果我们想要做出细致的区分的话，那么在这里就会面临巨大的风险。如果人们想用"实际上的所见之物"来解释物理对象的概念，那么也会如此。不如接受我们所熟悉的语言游戏，并把那些错误的解释标记为它们本来的样子。我们原初习得的语言游戏不需要任何辩护，要拒斥那些强加于我们之上的对辩护的错误尝试。（BPP II 453/ PU II xi 161/ MS 137：15b）

不过，本节的任务并非仅仅在于辩护对"看"的使用。我们还需要论证，当被问到"你看见了什么"时，人们可以使用"看作"来回答——也即"看作"适合于有关"所见之物"的语言游戏。对这个问题，我们可以从如下两方面来考虑。

首先，我们没有必要去设计出一种独特的针对"看作"进行提问的表达式。在关于"看作"的语言游戏中，我们也是使用"你看见了什么"来提问的，它所要求的回答也是一种对于所见之物的描述。即使我们生硬地创造出某种独特的提问形式，它也没有意义，因为严格来说，它并没有一种独特的用法。

其次，人们在使用"看作"来回答问题时，也确实是在对所见之物做出描述，只是这种描述与使用"看"的情形既相似又有所差异。这种相似性和差异性的并存，就是我们接下来要研究的核心问题。由此可以说，"看作"的使用表达了某种视觉体验，并可能与对感知对象的描述有某种联系，只是这种联系目前尚不清楚。

"你看见了什么"和"所见之物是什么"这样的问题，向我们展示了对所见之物进行描绘的多样性。然而，尽管存在这种多样性，我们都还是会使用"看"或"看作"——与"看"相似但又有差异——这样的语词。根据维氏的研究方法，我们要想理解关于"所见之物"的语言游戏，就必须了解那些与之相关的语词的用法。本节的讨论告诉我们，这种语言游戏的多样性，揭示了相关动词用法的多样性。也就是说，如果要追问"究竟什么是所见之物"，那么就要去追问"我们究竟把什么称作'看'"。至此，我们已经探索到维氏解答面相问题的关键。不过，在阐释他的解答之前，我们还有这样一些问题要解决：维氏为什么要采取这样的方案？其他人（比如科勒和詹姆士）的解释为什么是行不通的？这些问题提醒我们，维氏的解答并不是唯一的方案，但在他看来，其他方案都有这样或那样的错误，因而是站不住脚的。我们必须澄清维氏这样看的理由，否则，他所给出的解答最多只能成为诸多候选项之一。

第四节　对解释方案的批判

本章前三节的讨论，帮助我们搭建起维氏讨论面相问题的基本框架，有了这个框架之后，我们就拥有足够的资源来对他的两个理论对手——解释的方案和"感觉组织"的方案——进行批评了。解释的方案是我们的第一个目标。

施罗德认为，维氏反驳面相观看是一种解释的观点的论证，实际上包含如下五个分论点：

第一，解释没有一个真实的持存，而"看作"则可以有，而且解释是一种行为，"看"则是一种状态（参阅 PU II xi 248）；

第二，解释需要有假设，并对这一假设进行真或假的验证，尽管在"看作"中也会有真或假的问题，但"看作"有时仅仅与某种观念相关，因此我们可以将"看作"与解释区别开来；

第三，我们不能离开所谓的"解释"而给予对象一种未经解释的、更加直接的描述（PU II xi 117，148）；

第四，蓝图与肖像是不同的，当我们面对前者时会把它当作一种关于它所表现的对象的"知识"，而面对肖像时则倾向于做出面对对象本身时的反应；

第五，注意到一个面相的经验，是无法与"看"相分离的，我们不可能在纯粹的思想领域中"看到一个面相"。①

这大致概括出了维氏在对解释方案进行反驳时所给出的所有理由。不过在笔者看来，这些理由其实针对的是两个不同的问题：第一，对一个面相的"看"不能等同于对该面相的解释；第二，"按照一种释义去看"也是不可能的。在本节，我们将论证为什么对面相的看不是一种解释，下一节则将论证为什么"按一种照释义去看"是不可能的。

为了澄清面相与解释的关系，我们首先必须理解什么是维氏所谓的"释义"。在术语上，有两种不同的语词与之相关。一是作为名词的"释义"（Deutung），也可以将其译为"解释"；二是作为名词化的动词的"释义"（Deuten），可以理解为一种解释的活动。维氏自己是这样来规定"释义"的：

　　我每一次实际上看到了不同的东西，还是我仅仅在以不同

---

① 参阅"A Tale of Two Problems：Wittgenstein's Discussionof Aspect Perception"。

的方式释义我所看到的东西？我倾向于说前者。但为什么呢？释义是一种思考，一种行动；看则是一种状态（Deuten ist ein Denken，ein Handeln；Sehen einZustand）。（PU II xi 248）

这段评论首先建立起"释义"和"看"在范畴上的差异：前者属于"思想"和"行动"的范畴，后者则属于"状态"的范畴。但这样的评论可能立即会引起误解：一个概念怎么会既是"思想"又是"行动"呢？"行动"这个词，既有做出某种具体的肢体行为的含义，也可以用作"处理"或"涉及"的意义，与"意图"（Absicht）有着严格的区别。而"释义"之所以既是"思想"又是"行动"，是因为我们在释义时必定要做出某种假设，而这种假设可能被证明是正确的或错误的。"做出假设"是一种行动，"该假设是对的或错的"则是对一种思想的判断，而非对"做出假设"这种行动本身的判断。①

在进行释义时，人们要做出相应的假设，这一点是"释义"与"看"、"看作"相区别的一种本质特征：

我们在其中释义我们所看见的东西的那些情形，是很容易被认出的。如果我们进行释义，那么我们就做出一条可能会被证伪的假设。"我把这个图形看作一个……"并不能够获得比"我看见一种亮丽的红色"更多的证实（或者仅仅在同样的意义上获得证实）。因此在这里，在这两种语境中对"看"一词的使用，有某种相似性。（PU II xi 249，参阅 BPP II 547/ MS 137：35a—35b）

当我们进行解释时，我们做出了一种推测，说出了一条假

---

①　这与遵守规则的情况不同。在遵守规则的活动中，我们的行动会被依据规则被判断为是正确的或错误的。而在进行解释时，被判断为正确或错误的是解释中所包含的思想，而非解释活动本身。参阅 PU 201。

设，这种推测或假设随后可能被证明是错误的。如果我们说"我把这幅图像看作一个 F"，那么对此不存在任何证实或证伪，就像对"我看见一片明亮的红色"这条命题而言一样。这种相似性，是我们必须寻找的，以辩护在那样的语境中对语词"看"的使用。如果一个人说，他通过内省而认出那是一个"看"，那么回答就是："我怎么知道你所说的内省是什么？你通过一件秘密来向我阐明另一件秘密。"（BPP I 8/ MS 130：90—91/参阅 PU II xi 250）

92

在是否做出一个可错的假设这一点上，"看作"与"解释"不同，而与"看"相似——它们都没有做出这样的假设。我们以内克尔立方体的情况为例，来看看这其中的意思：

在一本书的不同地方，比如一本物理学课本，我们看见如下图示：

在相关文本中，被谈及的有时是一个玻璃立方体，有时是一个电线框，有时是一个打开的盒子，有时是构成了立体角的三块板子。是语境每次释义了这个图示。

但是我们也可以说，我们一会儿把这个图例看作一个事物，一会儿看作另一个事物。——这是多么奇怪啊：我们也可以把那些释义的语词用于对直接感知到的东西的描述。

在此我们可能首先会回答说：那种通过一种释义来进行的对于直接经验的描述，只是一种间接的描述。真实的情况是：我们每次可以给予这幅图像不同的释义，有时是释义 A，有时是释义 B，有时是释义 C；而且有三种直接的经验存在——看这幅图像的不同方式——A'，B' 和 C'，而 A' 适宜释义 A，B' 适宜释义 B，C' 适宜释义 C。因此我们将释义 A 当作对其适宜的看的方式的描述来加以使用。（BPP I 9/ MS 130：

91—93/参阅 PU II xi 116，117）

假定一个人认为这幅图片表示的是一只盒子。那么，在对该图片进行释义时，他可能采取的表达是这样的："这个图片表示的是一个盒子"，或"画这个图片的人意图用它来表示一个盒子"，或"我把它解释为一个盒子"。无论采取何种具体的表达形式，他都是在表达关于某种事实的判断。这种判断就是一种对"该图片是什么"的假设，它完全可以根据不同的语境被确定是为真还是为假。例如，当上述图片出现在一种关于盒子的语境中时，上述释义可能是正确的；而在一种关于砖块的语境中，则可能是错误的。

93

与此相反，一个人在使用"看"或"看作"的表达式时，并没有做出这样的假设。如果他说，"我把它看作一个盒子"或"我看见一个盒子"，那么我们只能根据他的另外一些言行来判断相应句子的真假，很多时候甚至根本无法做出判断。因此"我把这幅图像看作一个 F"和"我看见明亮的红色"拥有相似的证实方式。

"释义"和"看"之间的这种区分是概念上的，这不是一种可以通过内省而被发现的经验上的事项，因此，维氏说这是"一条语法评论"。（参阅 BPP I 1/Z 208/ MS 129：123—124，BPP I 2/Z 212/ MS 180：25v—26r）

在建立起了这种概念上的区分之后，维氏又提出了对解释方案的进一步反驳：如果"看作"就是对图片的解释，那么我们通过这种解释而给出的，必定是一种对我们直接经验或视觉体验的间接描述。也就是说：

> "我把这个图形看作盒子"意味着：我有一个特定的视觉体验，它在经验上伴随着那种把图形作为盒子的释义或把它作为盒子的看。但是，如果它意味着这些，那么我应当知道这一点。我应当能直接而非间接地指涉（auf…beziehen）这种体验。（就像我不必把红色说成血的颜色一样。）（PU II xi 117）

把一种颜色称为"血的颜色",这是对于我体验的一种间接指涉,因为我还可以用"红色"这种更为直接的方式来指涉那种体验。然而,在面相观看中则不存在这个问题。如果"看作"只是一种"释义"的话,那么我给出的关于自己体验的描述就是间接的,也就是说,还应当有一种更为直接的描述存在。但实际情况却是,我们根本找不出这样一种"更直接的描述"。这意味着,被解释方案的拥护者认为是"释义"的那些语词,实际上正是在直接描述我们的体验。

在维氏看来,我们根本无法给出对自己体验的更为直接的描述,这一点又足以成为论据,来证明"看作"并不是一种解释。那些所谓的"释义""不是一种间接的描述,而是其原初的表达(primärer Ausdruck)"(BPP I 20/ MS 130:101—102)

那么、真正与释义相对应的图像是什么呢?维氏认为这只能是蓝图或工程图:

什么时候我会把这称作一种纯粹的知识,而非看呢?——在一个人把这幅图像当作一张工程图、读作一张蓝图的时候。(行为的精致的差别。——为什么它们是重要的?它们有重要的影响。)(PU II xi 192)

你必须考虑素描(与工程图相反)在我们的生活中扮演的角色。这里绝不存在着单一的形式。

请比较:人们有时把格言警句挂在墙上。但不把力学定律挂在墙上。(我们与这二者间的关系。)(PU II xi 195)

我可以通过递给一个人一幅风景画,来传递给他重要的信息。他是不是像阅读一张设计图那样来阅读这幅风景画;我意指的是:他是否在破译(entziffert)它?他注视着它并遵照它来行动。他在其上看见岩石、树木和一座房子等等。(BPP II 447/ MS 137:12b)

如果上述类似内克尔立方体的图示作为一张关于盒子制作的蓝图而出现于课本之中的话，那么我们就会把它"读作"一张蓝图，而非"看作"一幅关于盒子的图画。它所传递的是关于盒子的纯粹的知识，而不能被当作某个盒子的图示或肖像。与肖像、图示或素描相比，这种蓝图在我们生活中扮演的角色是非常不同的。当我们面对肖像、图示或素描时，它们往往可以被当作自己所表现的对象本身来对待。而蓝图则传达关于该对象的知识，并不会被当作对象本身来对待。我们在"阅读"蓝图的时候，就如同在"破译"密码一样。这二者间的差异，可以比之于格言警句和物理学定律的差异：前者可以具有一定的感情或审美要素，后者则是纯粹的知识。因此，只有格言才被人们像画一样挂在墙上。即使一些物理学定律被挂在墙上（比如 $E = mc^2$），它的角色也已经发生了变化——现在它是一幅肖像，而不再只是传递知识的载体。

我们可以回顾一下在上一章第七节中提到的詹姆士和雅斯特罗的观点。詹姆士认为，"图画被正确地看到，但却被错误地解释了"；雅斯特罗则认为，对图片的看的改变，只有在"心灵之眼"之前才会发生。这些观点事实上都认为，在对有歧义的图片的看中，存在着正确或错误的问题，但这是我们在做出解释时才会出现的情况。尽管这两人并没有直接使用"解释"一词，但就如下几点来说，他们的观点都可以被看作是解释方案的某种变体。首先，对有歧义的图画的看可以分做两部分，第一部分类似于感觉，在其中没有对错之分，第二部分类似于感知，我们在其中做出可错的假设或判断。其次，这种假设或判断是一种思想而非感觉。再次，关于这些图画，我们应当可以给出某种"正确的"、直接的描述。这三点显然都是维特根斯坦所批评的那种观点的特征，该观点建立在对"解释"和"看"这些概念的误解之上。

第五节　面相与解释的关系

到这里，虽然我们已经指出了解释方案的不合理性，但在讨论中也发现了如下事实：之所以一些学者误以为"看作"是一种解释，是因为它在某些特征上的确与解释相似而又与"看"不同。

当人们"看"某个对象时候，不能够根据意志来进行各种不同的"看"。因为"看"是一种感知，而感知并不服从于意志。"看"涉及的是对象的各种视觉性质，比如颜色、形状等。我们根本不可能有意义地给出这样的命令："请看见红色"或"请看见矩形"；而且也无法遵守它们。

在使用"看作"的情形下，情况则有所不同。人们同样不能命令道："请把这个圆形看作矩形"或"请把它看作是红色的"，但却可以说："把这个圆形看作一个洞而非一张唱片。"（参阅 BPP II 545/ MS 137：34b—35a）这里存在两种可能性。一种是，"看作"不能与颜色、形状等视觉性质相连用；另一种是，对视觉性质的把握不能服从于意志。关于第一种可能性，我们只有在随后两节考察过"看作"与感觉性质的关系后才能做出回答。而综合考虑到"看"的情况，在这里给出如下回答已经足够了：我们不能根据自己的意志来把握对象的某种视觉性质，但却可以根据意志而看见它的不同面相。因此，与对颜色和形状等性质的把握不同，对面相的看是服从于意志的。而且，"这不是一条经验命题"，而是一条语法评论。（参阅 BPP II 545）

> 对面相的看是一种意志行为（Willenshandlung）。人们可以要求一个人：现在这样来看它。努力地再来看一下这种相似性。这样来听这段旋律，等等。但是，看是否由此而是一种意志行为呢？难道不是这种观察的方式唤起了看吗？
>
> 例如，我可以这样来看这个立方体图示：我把目光朝向这些棱边。如果我这样做，那么接着就会出现面相的突变转。在这里我知道，我是如何引起（herbeiführe）这点的。另一方面，如果我这样或那样来观察 F，那么我就不会知道这点。（LS I 451/ MS 137：122b—123a）

"看作"的这种特征与"看"相区别，但却类似于思想。对此，维氏评论说："关于对面相的看，人们想问：'它是一种看吗？是一种思考吗？'面相是服从于意志的：这使得面相与思考有亲缘关系。"（BPP II 544/ MS 137：34b）更准确地说，"看作"在这一点上类似于想象："对面相的看和想象都服从于意志。有这样的命令'请想象这个！'也有：'现在请这样来看这个图形！'但没有：'现在请看见这片叶子是绿色的！'"（PU II xi 256）①

从这些评论可以看出，维氏所谓的"服从于意志"的标准，并不在于是否有某种内部过程参与其中，而在于"请……这个"或"请这样……"之类的命令是否有意义，以及是否能够被遵守："'你能否把它看作……'或'现在请把它看作一个……！'是与'现在把它理解成……'相配的。只有当这条命令有意义的时候，这个问题才有意义。"（BPP II 523/ MS 137：32a）以这条标准来看，"看作"和"想象"等语词都可以被这样使用，而"看"、"听"等动词则不行。②

不过，当"想象"进入我们的讨论之后，情况又变得复杂起来。这需要从两方面考虑。一方面，"解释"这种活动恰恰与想象有关：

> 在这里，关于该图像面相的某些东西似乎发生了改变；而又没有发生任何改变。而我并不能说"一种新的释义一再浮现在我的脑海里"。是啊，或许是这样吧；但是它在所见

---

① 这里维氏使用的句型是"Sieh das Blatt jetzt grün！"这个句子不同于"sehen……als……"，不宜直接译作"现在请把这片叶子看作绿色的"，因为这里并没有"把……看作……"的问题。维氏在此处所使用的句子严格说来是没有意义的，尽管它似乎符合我们日常语言的语法。

② 有时我们会说"请看这个！"或"请听这段音乐！"，不过这种命令的含义与上述服从于意志的命令完全不同，它只是在引起人们的某种注意，或引导人们将某种感官集中于某个对象之上。

之物中也立刻使自身具体化（verkörpert sich）了。一种新的图像的面相一再浮现在我的脑海中——我不变地看这幅图像。好像它一再穿上一件新衣服，又好像每件衣服都与另一件一样。

人们可以说："我不是仅仅释义这幅图像，而是把这种释义穿在它身上。"（BPP I 33/ MS 130：115—116）

（关于 33）如果人们解释说"我把这些对象和这幅图像联想在一起"，那么不会有什么因此而变得更清楚。（BPP I 50/ MS 130：116）

98

如果人们需要把类似内克尔立方体的图画解释成关于某个实际对象（比如金属盒子）的蓝图，就不可能离开想象。在很多关于某幅图画的解释中，我们都可以看到这一点。如果有人试图为解释方案进行辩解的话，那么他可能会主张，我们通过想象而把一个解释附加在一幅图像之上。但在维特根斯坦看来，这样的说明并无益处，因为它并没有消除对于"看"、"看作"和"解释"的语法误解，没有弄清楚它们各自的用法。即使解释同图画紧紧结合在一起，这仍然是一种思想与图画相结合的产物，而不是一种"看"。

另一方面，面相观看显然也与想象有关：

面相的概念与想象的概念有关。或者是："现在我把它看作……"这个概念与"现在我想象这个"有关。

把某物听成一段特定主题的变调而非狂想曲，难道不也属于这些吗？而由此人们的确感知到了某种东西。（PU II xi 254）

关于面相观看与想象间的关系，可以从如下两个角度来加以理解。第一，有一些面相本身就需要想象力的参与，尽管这样的

"想象面相"可能并不能算作真正的面相。① 第二，对于类似内克尔立方体的图画，我们可以给出这样的命令："请把它看作一个金属盒子！"这说明有想象力参与其中的面相依然是服从于意志的。而这时的情形已经与"把这个图画解释为一个金属盒子"非常类似。内克尔立方体留给我们的想象空间和进行解释的空间都很大，这与鸭兔头这样典型的关于面相观看的案例，是不太一样的。

由此，一种新的疑问便会产生出来：尽管"看作"不能等同于某种解释，但"看作"难道不能是一种按照释义而进行的"看"吗？我们难道不能按照某种解释去看一个对象吗？用维氏自己的话表述就是：

> 根据一种释义来看一个事物，这是如何可能的呢？——这个问题把这一点描绘成一个古怪的事实；仿佛这里有某物被强加上一种实际上不合适的形式。但这里并没有压制和强加发生。（PU II xi 164）
>
> 现在问题在于：如果人们可以依据一种释义去看一个图形，那么他们可以总是依据一种释义去看吗？在那种不跟任何释义联结在一起的看和其他的看之间，是不是存在着一种清晰的区分？（BPP II 359/ MS 136：105b）

要理解什么叫"按照一种释义去看"，我们必须首先明白什么叫"复制品"，而这是一个摇摆不定的概念。（参阅 BPP II 376—382）我们以著名的双十字为例，它既可以被看作黑色背景之上的一个白十字，也可以被看作白色背景之上的一个黑十字，还可以被看作其他的东西。

---

① 参阅第三章第三节关于视觉面相和概念面相的讨论。

图 IX①

现在我们要求一个人对这个图形给出某种解释，即究竟什么是白十字、什么是黑十字。那么：

> 这种解释可能大概是这样的："一个在黑色底色上的白色十字，是这样的——"然后是一个图形。而这当然不会是一个有歧义的图形。因此人们可以用"我一会儿把这个图形看作这样（接着是一个图形），一会儿是那样（接着是另一个图形）"这样的说法，来代替这样的说法："我一会儿把这个图形看作一个……之上的白十字，一会儿看作……"如果第二种命题是一种被允许的表达，那么第一种也是。（BPP II 379/ MS 136：114b—115a）

> 而这难道不是意味着如下事情吗：这两个图形都是那个有歧义的图形的一种复制品？（BPP II 380/ MS 136：115a）

> 一方面这两种描述是对所见之物的复制，另一方面还需要一种概念上的说明。（BPP II 381/ MS 136：115a）

当这个人试图解释什么是黑十字、什么是白十字的时候，就会接触到"复制"的两种概念。在这两种概念中，一种是与"看的状态"相联系的，即他创造出两种不同的关于双十字的复制；另一种则与"思想"相联系，即他"不同地"创造出同一件复制——比如用不同的顺序将这个图画画出来。这两种情况都是对所见之物的复制，但在第一种情况下，他不同地看见两个复制；在第

---

① 引自 PU II xi 212。

二种情况下，他则以两种方式思考同一个复制。（参阅 BPP II 369/
MS 136：112b）在维特根斯坦看来，真正的"释义"只能对应后
一种情况。在此情形下，人们将同一个图形"认作"不同的物体，
而我们之前已经界定了"认作"与"看作"之间的差异。

　　因此，尽管"看作"与"思想"之间有如此之多的联系，但
"看作"不是一种释义，人们也不能按照一种释义去看。"释义"
属于思想这个领域，但它的范围要远远窄于思想。"看作"与"思
想"的关系，并不等同于"看作"与"释义"的关系。认为可以
"按照一种释义去看"的人，其实也误解了"释义"与"思想"
之间的关系。

　　综上所述，我们可以看到，维特根斯坦对于"按照释义去看"
的问题给出了这样的回答："你并非按照一种释义（Deutung）而
是按照一种释义的活动（Deuten）去看。"（BPP II 522/ Z 217/ MS
137：32a）① 事实上，"按照释义去看"不过就是一种独特的、有
想象或联想参与其中的思想，而并不是一种真正的"看"。

> 　　我想说：在释义中对一个图形的看，是关于该释义的一种
> 思考。因为，我是不是应当说，如下事情是可能的：把这个看
> 作一个镜像－F，而同时不想到"镜像－F"这个词所指谓的
> 那种特定的关系？然而我看见一种释义，而释义就是一种思
> 想。（BPP II 360/ MS 136：105b）

---

①　泽麦克（E. M. Zemach）错误地认为维氏赞成"根据一种解释来看一个事物"
这种说法。实际上，维氏认为，"根据一种解释来看一个事物"或者"像我们解释的那
样去看它"都是误导人的说法。他真正的立场是 PU II xi 248 中的评论。有些时候，我
们会找到某种使用"根据一种解释来看"这样的表达式的理由，但它的表面形式却是误
导人的。实际上，我们在这里所做的事情就是一种"看"，而不是一种"根据解释的
看"，更不是一种解释。只不过这种"看"比较特殊，它的某些特征让人们觉得自己似
乎在遵照某种解释而进行活动一样。参阅 Zemach，"Meaning, the Experience of Meaning
and the Meaning－blind in Wittgenstein's Late Philosophy"。

对面相的"看"的确在有些地方像"思想"——比如服从于意志——但不能将它们之间的联系简单地当成可以将它们等同起来的证据。

如果对于一个面相的看对应于一种思想，那么它仅仅在思想的世界中才是一个面相。（BPP I 1029/ MS 135：44）

人们可以通过思想来唤起一个面相，这一点非常重要，即使它并不能解决主要问题。

是的，面相似乎是思想的一种不清晰的回响。（BPP I 1036/ MS 135：49—50）

上述评论实际上在强调这样的观点：面相与思想之间在本质上有某种联系，但两者无论如何不能等同起来。否则的话，面相就仅仅在思想的世界中才能被类似"心灵之眼"的东西"看见"，而这样一来，它与我们的视觉感觉间的本质联系就会被割断，我们充其量只是在隐喻的意义上使用"看作"这个动词，而并没有真正把它当作是与思想相区别的事项。这些分析暗示我们，对面相的考察，必须在"看"和"思想"这两个领域的交织中进行。

第六节 对"组织改变"的批判

与解释方案相对的另一种方案，就是科勒的"组织改变"的理论。尽管在对解释方案的批评上，维特根斯坦与科勒有不少相似之处——比如，他们都认为对有歧义的图片的看并不由两个截然不同的过程组成——但在维氏看来，科勒的方案从根本上说也是不可接受的，而且，其错误之处与解释方案也有共同点。我们将维氏对科勒的批评分为两节来讨论。本节处理他对"组织改变"这种具体理论的批评，阐释他关于面相的改变不能被归于"组织改变"的观点。下一节则处理他对"感觉组织"这个更为一般性的理论的批评。

颜色和形状是我们在感觉领域内所把握到的对象的性质，而科勒所说的"组织"则与它们有这样的区别：人们可以通过与样本的对比（比如将一种颜色与某种颜色的标准样本加以比较）来说明颜色发生了怎样的变化，但却不能对组织这样做。[①] 这一点决定了在描绘"组织"的时候，我们必须采取与描绘颜色和形状不同的方式。

在第一章第六节中我们已经提到，科勒潜在的错误之一便是将组织同颜色、形状等放置在同一层次上。[②] 这一点恰恰会在描绘"组织"及其改变时遇到了问题。在对解释方案进行批评时，维氏给出一个反驳便是，如果我们要求这种方案的拥护者给出一种关于所见之物的描述，那么他就会面临如下困难：解释必定是一种对于所见之物的间接描述，但我们却无法给出比这种所谓的"解释"更为直接的描述。同样，在反驳"组织改变"的方案时，我们不妨也问一问它的拥护者——比如科勒——会如何描述自己的所见之物？

以双十字为例，这是一种简单而又典型的面相，将颜色和形状这两个重要因素都囊括其中。如果我们问科勒，"你在这个图画中看见了什么"，那么，他既可以说"我看见了黑十字和白十字"，也可以画出一个十字形并展示给我们。然而，后一种描绘并不足以说明他看见了不同的十字，因为这种"图画性的描述"不足以说明他看见了某种面相。（参阅 BPP I 424/ MS 132：36）根据科勒的看法，他可以这样来描述自己的感知："我首先看见这样的十字，

---

① 参阅 Hark，*Beyond the Inner and the Outer*，第 175 页。

② 尽管维氏从根本上反对这种观点，但他却认为如下说法是可以接受的："现在我学会了'红色的'、'圆的'、'兔子图像'和'鸭子图像'这些概念，——在这种范围内而言，它们大致位于同一层次上。我可以通过模型来学习它们。"（LS I 465/ MS 137：124a）就学习过程而言，对这些语词的掌握的确有某些相似之处。说它们在这一点上不相上下，这是讲得通的。

然后看见那样的十字"，而在说话的同时，他会用手势向我们指出"这样"或"那样"所指示的东西，也就是他所谓的"感觉组织"。

事实上，"组织"这个概念也常被应用于我们日常生活中的方方面面。比如，我们会把一个协会的人员组成或部门架构称为它的组织，或者将人体的某一部分的细胞结构称作它的组织。当这种组织发生改变时，我们完全可以给出一种详尽的、直接的描绘，并通过这种描绘将相应的变化准确地传递给他人。但是，"感觉组织"的改变却与日常生活中组织的改变有所不同。对此，维氏评论道："'这个视觉图像的组织改变了'的用法与如下这句话的用法并不相同：'这个协会的组织改变了'。如果我们的协会的组织改变了，那么在这里我可以描述这是怎样的。"（BPP I 536/ MS 132：181）

那么，在这两种组织的改变之间，究竟有着怎么样的差异呢？在描述协会组织的改变时，我可以准确地将这一点传达给另一个人，他也可以毫无困难地理解我。而在描述"感觉组织"的改变时，我则是在试图将自己主观地看见的东西传达给另一个人。如果我刻画这种主观的所见之物时不得不依靠某种只有自己才知晓的活动，那么别人又会如何来确定它呢？这里面充满了各种困难，因为别人显然不能直接把握到我在"组织改变"中的感知，而只能根据我的描述或其他活动来进行某种推论。

在本章前三节的讨论中我们已经指出，"看作"这一表达式传递的是某种与个人体验有关的信息，而非某种判断。他人如果想知道我的体验究竟如何，那么就必须从我的言语或行为中做出推断。在"组织改变"的情形中也是如此：我所说的"组织改变了"是关于自己视觉印象的一种表达，他人如果想知道我的视觉印象究竟如何，就必须根据我的描述而做出某种推断。可是，如果组织与颜色、形状不相上下，那么关于组织的描述也就会与关于颜色、形状的描述不相上下。这样一来，人们就必须能够通过一种实指定义来理解另一个人所谓的"组织改变"是什么意思。但是，这总是可以成功的吗？在科勒所举的一些例子中，似乎是可以做到这一点的。可我们能够用实指定义的方法告诉一个红绿色盲"这是绿色的"吗？显然不行。那么，如果一个人没有掌握表达某些组织或面相时所需要的那个概念，我们还能够用实指定义的方法告诉他"这是……"吗？这似乎是行不通的。

可见，科勒所设想的那种向其他人指示"组织改变"的方法，并不总是能够成功，它需要一定的前提条件。这就是说，在比如用手势来指示"组织改变"的情形下，只有当人们掌握相一致的概念时，才能相互理解对方想表达的视觉体验究竟是什么。科勒似乎把人们总是掌握差不多相似的概念这一点，未加批判地当作前提接受下来了。这或许将我们带的离目前的讨论稍微有些远，在第三章，我们会继续沿着这个方向进行挖掘。现在，还是先回到组织与颜色、形状的类比。即使不考虑科勒所做的预设是否合理，在组织与颜色、形状的类比中还是有其他问题存在，而该问题使得我们不得不放弃这种类比。

如果用维氏的方式来总结科勒的观点，那么可以说，在科勒看来，我们可以在与形状和颜色相同的意义上，将"看"与"组织"相连用——"看见一个组织"与"看见某种颜色"并无实质性区别。对此，维氏这样评论道：

> 对于"你看见什么？"这个问题，可以用各种描述来回答。——如果现在一个人说："我像看见形状和颜色那样也看见了面相和组织"——那么这意味着什么？意味着人们把这一切都算作"看"吗？还是这里存在着极大的相似性？——关于这点我可以说些什么？我可以指出相似性和差异性。（BPP I 964/ MS 134：168—169）

虽然在日常语言中，我们可以按照科勒的主张在一种不严格的意义上说"我看见某种组织"或"我看见某种颜色、某种形状"，

105

但这并不意味着其中的语法差异可以被忽视。诚然，说"看见组织"和"看见颜色"是相似的，但从本章第三节的讨论中我们已经看出，关于"所见之物"的描绘可以有各种不同的种类。在描述"组织"和描述颜色之间存在着明显的差异，在描绘协会的"组织改变"和描绘图画的"组织改变"之间也存在着差异。比如：

> 视觉印象中的颜色相应于对象的颜色，视觉印象中的形状相应于对象的形状。但视觉印象的面相则并不相应于对象的组织，因为在同一个组织被观察的时候，它可以发生变化。我在面相中注意到该组织的一种特征。（LS I 515／MS 137：128a）

在一个人描绘协会组织的改变时，我似乎可以由此推断出他所具有的视觉印象是什么样子的。但是，在关于"感觉组织"的情形下，尽管我们也可以做出这种推断，可要想比较两个"组织"的不同，就还必须再对它们各自做出图画上的描绘，而这又会引出另外两个"组织"。如此一来，我们实际上就陷入了一种无穷倒退的境地：

> 如果这个孩子把这幅图像认作这个或那个，那么我会推论说"因此他这样来看这幅图像"——我做出的是怎样的一种推论？这个推论告诉我什么？人们可能会说，我推论出的是那种感觉材料或视觉图像；仿佛这个结论是："因此他心中的图像是这样的"；而现在人们必定对它做出了生动形象的（plastisch）描绘。（BPP I 426／MS 132：37—38）

> "视觉图像的组织改变了。"——"是啊，这也是我想说的。"

> 这类似于如下情况：一个人说，"我周围的所有东西都不真实地浮现在我面前"——而另一个人回答说："是的，我了

解这种现象。我也完全想这样来表达。"（BPP I 535/ MS 132：181）

的确，科勒的观点意味着，"如果面相是一种组织，而且这种组织可以与形状和颜色的特征相类比，那么面相的转变就类似于表面的颜色的转变。"（LS I 448/ MS 137：122b）但是，通过前面的讨论我们发现，科勒的这种类比恰恰是行不通的。他武断地认为组织像颜色和形状一样，"显然"是对象的性质，却没有想到这会使得对组织的描述变得困难重重。

如果某人说：形状、颜色、组织和表达，（对于任何一个没有偏见的人来说）都显然是主观的所见之物的、直接的视觉对象的属性或特性，——那么这里"显然"这个词就出卖了他。这之所以是"显然"的原因在于，任何一个人都承认这一点；而只有通过语言的使用才能做到这点。因此，人们在这里通过一幅图像来为一条命题提供根据。（BPP I 1107/ MS 135：127—128）

一条这样的评论是无助的：深度尺寸的排布式同任何其他排布一样，是"所看见的东西"的一种性质。（BPP I 86/ MS 130：142）

如果思考一种视网膜上的流动（或类似的东西），那么人们或许会想说："因此面相同形状和颜色一样是很清楚地'被看见'的。"但这样一条假设如何能对我们的确信有所帮助？嗯，随之而来的是如下倾向：在这里说我们看见两个不同的构造（Gebilde）。但如果这种倾向有它自己的根据，那么这个根据必定在于其他地方。（BPP I 1024/ MS 135：40—41，参阅MS 135：39—40）

维特根斯坦认为，科勒之所以要将"组织"和颜色进行类比，其根源在于他"以心理学的方式进行思考"（physiologisch denkt）。这种思考方式无法为人们思维和表达的倾向提供充分的根据，以至于人们在据此进行解释时不得不一再后退。也就是说，如果我们以这样的方式进行思考，并像科勒坚信的那样，认为组织和颜色、形状处于同一层次上，那么在想象他人描述自己主观的所见之物时，最终就不得不借助于"内部图像"这个概念："'内部图像具有颜色和形状，此外还具有一个特定的组织。'由此会得出：它看上去是这样而非那样。"（LS I 509/ MS 137：127b）

108

　　然而，"内部图像"这一概念却丝毫无助于问题的解决。从根本上说，"内部图像"不过就是"外部图像"的一个变种而已。当我们指向一个内部图像的时候，只有通过指出它与另一个内部图像在这里或那里有什么样的不同，才能向他人说明两幅图像间的差异——这一点与关于外部图像的情形并没有任何分别。因此，如果我们试图通过指向一个内部图像来说明同一个对象的两种组织之间有什么样的差异的话，那只不过是从一团迷雾跳进了另一团迷雾。简言之，这是一个无穷倒退的困境——我们总是需要借助于指向两幅内部图像来说明两幅外部图像的不同，而这两幅内部图像的差异则又依赖于另外两幅内部图像的差异，以此类推。如果组织和颜色、形状处以同一层次上，那么我们在解释"组织"改变时就必然诉诸内部图像，由此可以得知，科勒的方案最终会导致一种无穷倒退。换言之，像"内部图像"这样的误导人的概念的产生，其根源就在于将组织与外形、颜色放在同一层次上，。①

　　　　"内部图像"这个概念是误导人的，因为这个概念的模型
　　是"外部图像"；但这些概念语词的使用之间并不比"数字"
　　和"数"更加相似。（是的，如果某人想把数称作"理想的数
　　字"，那么就会带来一种类似的混乱）（PU II xi 133）

---

　　① 关于这部分内容的详细讨论，请参阅 *Beyond the Inner and the Outer* 的第六章。

如果一个人把视觉印象的"组织"同颜色和形状放置在一起，那么他的出发点就是把视觉印象作为一个内部的对象。由此这个对象自然就变成了一个怪物；一个奇怪的摇摆不定的形象。因为那种与图像之间的相似性现在被干扰了。（PU II xi 134）

"内部图像"的问题迫使我们放弃科勒式的阐释"组织改变"的方式。所以，维特根斯坦自信满满地说："这一点足以终结'组织'和颜色以及形状在视觉印象中的对比。"（PU II xi 136）当然，在日常语言中，我们有时会倾向于采用科勒所建议的那些表达式。但这仅仅是出于方便的目的，而并非表明我们实际上看见了两个具有不同组织的对象。所以，"如果一个人没有从有不同色彩的地图中认出地中海，那么这并不表明这里真的存在另一个视觉对象。（科勒的例子）这最多为一种特定的表达方式提供了一个讲得通的理由。这并不等同于说'这表明，这里真的有两种不同的看'——或是'在这些环境中最好是谈论说"两个不同的视觉对象"'。"（BPP I 1035/ MS 135：49）如果有人以为，这种特定的表达方式表明真的有其他视觉对象存在，那么他就误解了相应的语言表达式的意义。

第七节　对"感觉组织"的批判

上一节中，我们达到了这样的结论：对有歧义的图画的看这一点，或曰面相改变这一点，不能诉诸科勒所说的"组织的改变"。在对科勒的方案进行批判的同时，维特根斯坦还从更为深刻的角度批评了"感觉组织"这个概念本身。在他看来，不仅仅面相的改变不能诉诸组织的改变，而且"感觉组织"这个概念本身就很成问题。除了上一节中已经提到的组织同颜色、形状的对比中包含的那些问题之外，"组织"这个概念也不能起到科勒意图用它起到的那种作用。

我们在上一节谈到，人们如果要描述两个"感觉组织"之间的不同，就必须诉诸"内部图像"，而这会最终导致无穷倒退。事实上，即使在对同一个"感觉组织"进行描述时，也仍然会有问题出现。在维氏看来，问题首先在于，在进行这种描述时人们不得不依赖于"内省"：

> "物体"和"背景"都是视觉概念，就像红色和圆形一样——科勒想这样说。对于所见之物的描述包含了对于什么是物体什么是背景的陈述，就像包含了对于颜色和形状的陈述一样。如果这种描述没有谈及什么是物体什么是背景，那么它就是不完整的，就像如果它没有阐明什么是颜色什么是形状那么就是不完整的一样。我直接看见一个东西，就像直接看见另一个东西一样——人们想说。而对此可以有怎样的反驳？首先：这点是如何被认识到的，——是否必须通过内省，或是所有人必须对此达成一致。因为这显然牵涉到对于主观的所见之物（*subjektiv Gesehenen*）的描述。但人们是如何学会用语词来再现这种主观之物的呢？而这些语词对我们来说可能意指什么？
>
> 请设想，这里牵涉到的不是语词，而是绘画式的再现；而在这种再现中与"像物体那样的"这个词和其他类似的词相对应的，是我们作画所依据的序列或顺序。（假定我们可以极其迅速地作画）而如果现在有人说："这种序列属于所见之物的表象，正如颜色和形状那样。"——那么这意味着什么呢？
>
> 人们很可能说：有理由把画出的图像和作画时所做的改写都算作对于所见之物的绘画式的描述。进行描述的那个人的反应以某种方式联系在一起。在某些方面它们联系在一起，在另一些方面则不然。（BPP I 1023/ MS 135：37—38）

科勒所使用的一些例子（比如图 V 的扇形组合，图 III 中的数字"4"，等等）被维氏引用并加以评论。而他的核心观点则被维氏概括如下：

> 人们是不是可以说，为了能够把一把椅子认作是一个事物，必须首先在视觉上把它把握成一个整体？——我是不是在视觉上把那把椅子把握成一个事物，而我的哪些反应显示了这一点呢？人们的哪些反应显示了他把某物认作是一个事物，哪些反应又显示了他把它看作一个像一个物体那样的（dinglich）整体？（BPP I 978/ MS 134：176）

111

那么，"感觉组织"的错误究竟在哪里呢？根据本章第二节中提出的"看作"和"当作"、"认作"的区分可以看出，"感觉组织"实际上混淆了这些动词的用法。

> 例如，我是否可以说：我把这把椅子看作对象，看作统一体（Einheit）？就像我说，我现在看到这个黑色的十字在白色的背景之上，但现在又看到白色的十字在黑色的背景之上？
>
> 如果有人问我"在你面前的是什么？"而我自然而然地回答说"一把椅子"，那么我因此便把它作为一个统一体来对待。但人们现在是否可以说，我把它看作一个统一体？
>
> 而我是不是可以在不把这个十字形看作这样或那样的情况下注视它？（BPP I 423/ MS 132：35—36）
>
> 如果某个人把一条线上等距的点看作这样一条由成对的点组成的线条，即它的内部的距离比外部的距离短，那么他可以说，自己看到这一系列东西以一种独特的方式被组织起来；因为他所描绘的关于这一系列东西的图像，恰恰拥有一种独特的组织。在此的确可能存在如下这样一种错误：他认为这一系列东西是被这样组织起来的。（LS I 444/ MS 137：122a）

科勒引入"感觉组织"或"组织起来"这样的概念，是为了表达"看"这个词所包含的意义，但实际上却只是表达了"当作"或"认作"所包含的意义。在他所谈论的关于"组织"的情形下，人们不过是把某物当作一个对象来看待或对待而已，这与"看见一个对象"相比，要么是不同的（即实际上是"当作"或"认作"），要么就是画蛇添足且因而是无意义的。

> "但我显然可以在看中把一些元素（比如一些线条）组合起来！"可是为什么人们要把这称之为"组合起来"呢？为什么人们在这里使用一个——本质上——已经有另一种意义的词呢？（这自然就像是在"心算"这个词的情形下一样。）（BPP I 1119/ MS 135：136—137/参阅 Z 206）

在维特根斯坦看来，在一个人看见一个"组织"的时候，他并没有看见比一个对象更多的东西。也就是说，如果我们把一个对象的所有性质列作一个表格，称为表 A，然后再将"组织"作为一个性质加在表格上，并将之称为表 B，那么 B 并不会比 A 多出什么："你看见的那幅画自身是经过组织的吗？如果你看到它是这样或那样地经过'组织'的话，那么你看见的是否比现存的东西要多？"（BPP I 1121/ MS 135：137）类似的论证，在证明"存在"不是一个一阶性质的时候曾被使用过。我们假定一个国王要寻找一个具备若干性质的贤者，并把这些性质列在表格之上，称为表 A，再将"这个人存在"作为一个性质加在表格上，称为表 B，那么我们根据表 B 寻找到的人，同根据表 A 寻找到的人不会有任何区别。因此，将"组织"称作一种类似于颜色和形状的感觉性质，就如同将"存在"称作一种一阶性质一样——我们的语言根本没有给这样的用法留出空间。

当然，我们也可以构建出某种用类似科勒意义上的"组织"来进行的语言游戏，但这只能是如下这种情况：

　　"组织这些物体!"——这意味着什么? 可能是: "把它们
排序"。也可能意味着: 把顺序引入它们之中,——还可能
是: 你学着熟识它们, 学着描述它们; 学着通过一个系统、一
条规则来描述它们。(BPP I 1122/ MS 135: 137—138)

　　这个问题也就是: 我通过"我现在用这种目光把这些线
条这样组织起来"这句话想告诉一个人什么事情? 人们也可
以这样问这个问题: 我对一个人说"用这种目光把这些线条
这样组织起来!"的目的是什么——这又与如下这样一种要求
相类似: "请你想象这个!"(BPP I 1123/ MS 135: 138)

　　也就是说,"组织"参与其中的那些语言游戏, 只有在某种类
似于下达关于想象的命令的情形下才能有意义, 但这显然并不符合
科勒的意图。如舒特所说, 科勒试图建立起一种格式塔之于意义的
优先性, 然而这种优先性却并不能够满足科勒试图用它所起到的那
种作用。[1] 所以维氏评论道:

　　科勒说的难道大概不是这样吗: "如果人们不能把某物看
作这个或那个, 那么就不能将某物认作这个或那个?"一个孩
子在学会把某物认作这个或那个之前, 就开始这样或那样地看
它吗? 他是不是首先学着回答"你如何看这个?"然后才是
"这是什么?"(BPP I 977/ MS 134: 175—176)

　　科勒的看法并不符合我们的日常经验和直觉。例如, 在教育孩
子的时候, 我们并不是首先教给他们关于"看"的概念, 然后再
教给他们"那是什么", 而是一般先从"那是什么"的游戏开始。
而且, 科勒的错误观点不是一种经验性的错误, 也不是由于他不熟
悉教学法。维氏的意思是, 如果我们按照科勒的方案来学习或传授

---

① 参阅 Schulte, *Experience and Expression*, 第 82 页。

关于"看"和"是"的表达式,那么这种表达式根本不可能被建立起来,也不可能被使用。最好的解决方法,就是放弃科勒意图让"格式塔"("感觉组织")这个概念所扮演的角色。

但是,客观地讲,在维特根斯坦关于"感觉组织"的评论中,有一些并不是十分中肯的。除了在上一章已经提到的关于面相服从于意志的评论外,他至少还在如下两个问题上误解了科勒。

首先,科勒所追求的"生理学过程"绝不是发生在视网膜之上的,而是在神经系统中的。在视网膜上寻找我们感知中的顺序的观点,恰恰也是科勒所反对的,而且"感觉组织"也并非存在于视网膜之上。

其次,科勒并没有试图通过"内省"来给所见之物以描述。当然,科勒所说的"内省"和维氏所说的"内省"含义不尽相同。前者指心理学中以内省主义为代表的一种具体的研究方法,后者则大致指一种哲学上的方法论倾向,基本上是与维氏提倡的语言分析相对而言的。在比较宽泛的意义上,科勒的一些做法确实是维氏说的那种"内省",比如试图去考察人体之内的生理过程,但我们必须考虑到他们二人在旨趣上的巨大差异。如果将维氏所说的那种"内省"完全排除在心理学之外,那么心理学中的实验恐怕都会无从谈起,而心理学也就无法成为一门科学了。

维氏之所以会对科勒做出上述误读,根本原因可能在于他忽视了如下两点,一是科勒作为一个心理学家所意图解决的问题,二是科勒的"动力学"背景。

就第一点而言,科勒希望通过提出相应的理论假说来为心理学的实验研究服务,最终弄清楚人类的神经系统过程、大脑活动与经验之间的联系。维特根斯坦所主张的"描述"或语言分析的方法,似乎完全排除了心理学研究中属于自然科学的那一部分。因此,他的很多批评的确很难被心理学家共同体所接受。

就第二点而言,科勒所谓的"感觉组织"是基于他的"动力学"假设的,这种假设区分开了"动力"和"地形"两种因素。

在一种比较弱的意义上，"感觉组织"理论是说："动力"中会自动产生一些非地形上的顺序，而这些顺序对人类的感知有着一定的影响。换言之，如果我们认为"感觉组织"不是一切感知的基础，而只是对人类把握对象的方式有着这样或那样的影响，那么这种理论还是有一定道理的。

但无论如何，就科勒所犯的"语法错误"而言（比如误解了"看作"、"当作"与"认作"的用法），维氏的评论还是切中要害的。这些评论并非针对科勒本人的某个具体观点。在一种更为深刻和广阔的意义上，它们针对的是心理学家所具有的某些共同的错误倾向。这些倾向当然源自心理学自身的追求和研究方法所带来的限制，但如果不澄清其中的错误，他们就可能会在错误的道路上越走越远。此外，尽管"解释"的方案和"组织"的方案似乎是两种彼此相对的理论，但在维氏看来，他们又都有着某些共同的错误，这种错误当然是更深层次上的，是哲学家所关心的错误，不是靠实验手段能够解决的。

概言之，无论哪个学派的心理学家都简单地认为：在关于面相观看的活动中，只有一种类型的人类认知活动或心理活动（比如感觉）的类型被涉及；即使那些试图将相关活动分解成两个部分（比如感觉和感知）的人，也简单地认为在每个部分中只有一种类型的活动被涉及。也就是说，他们都未加批判地预设了这样的前提：每次被谈及的心灵活动是单一的或简单的。如果这里被谈及的实际上是一种心灵活动 A 和另一种心灵活动 B 的"复合物"C，而并非是 A 和 B 的先后发生，那么所有心理学的讨论都必须被重新考虑，对很多实验的设计和解释也都会与以往不同。当然，这种"复合物"的含义并不简单，它不是说将二者"融合"或"合并"到一起，而是指一种哲学上的"复合物"。毋宁说，维氏提出的那些正面的学说，就是试图澄清这种"复合物"的含义究竟是什么。在下一章的开始之处，我们就会从哲学的角度进一步总结心理学家的共同错误，并引入维氏建立在批判的废墟之上的、正面的评论。

第三章　关于面相观看的语言游戏

第一节　"看"的两种用法

在上一章，我们比较详细地阐述了维特根斯坦对心理学家相关理论的批评。这些批评主要针对两种途径，一是以詹姆士为代表的解释的方案，二是以科勒为代表的"感觉组织"方案。按照本书重构的线索，维氏按照这两种方案各自的思路进行探索，最终归谬出它们的荒谬之处。这表明，无论哪一种方案实际上都是不可取的。在二者各自的错误之上，维氏还发掘出某些共同的、更深层次的错误。这种错误显然不属于具体的科学领域，而属于哲学领域。

在导论第二节中我们已经谈到，心理学与数学一样，都有关于自己学科基础的问题。这些问题属于哲学领域，只能通过哲学（语言分析）的方法来解决。无论科勒还是詹姆士，尽管其各自主张不同，但都犯了某种语法错误。

在解释的方案中，"看"被当作一种与思想截然不同的人类的感知，当在"看"的领域内遇到不能解释的问题时，我们就应当诉诸思想领域。而在"感觉组织"的方案中，"看"也是同任何概念能力和思想相区别的，是纯粹的感觉领域中的事情，而对有歧义的图片的感知上的"改变"，只能是一种感觉上的变化。用维特根斯坦的术语来说，这两种方案都认为只有一种关于"所见之物"的描述，这种描述属于与思想相区别的感觉领域。不同之处只是，詹姆士认为问题的解决要诉诸界限的一侧（即思想领域），而科勒则诉诸另一侧（即感觉领域）。

然而，这些心理学家都没有能够如愿以偿地达到自己所期待的结论，他们的方案被维氏证明是行不通的。而且，既然两种相对立的主张都是错误的，那么人们自然会猜想，它们的基本框架可能都出了问题。无论詹姆士还是科勒，都武断地认为存在着两个截然区分的领域，即"感觉"和"思想"（或詹姆士意义上的"感知"），而"看"仅仅相应于感觉领域的事项，与思想领域中的事项（感知）无关。这种看法用维氏的话说就是："看"只有一种用法——描述感觉领域内对视觉对象的把握。

考虑到这一点，维氏在此提出自己解答相关问题的基本框架也就顺理成章了，那就是："看"这个语词有两种不同的用法。

关于"看"的两种用法，维氏在很多地方给出了论述。这些论述大致相同，但又有一些细微的区别。其中最著名的当属《哲学研究》第二部分第十一大段的开场白：

　　　"看"这个词的两种用法。

　　　一种是："你在那儿看见了什么？"——"我看见这个"（然后是一个描述、一幅素描、一件复制品）。另一种是："我看见这两张面孔之间的相似性"——我向他报告这句话的人也像我一样清楚地看见这些面孔。

　　　重要的是：这两种看的"对象"在范畴上的差异。（PU II xi111）

如果人们忽视《哲学研究》在风格上的独特性而把它当作一本通常的哲学著作来阅读，一定会对这样突兀的结论感到莫名其妙。不过，经过之前的论证我们可以看出，这样的观点建基于对两种心理学方案的批判。也就是说，"看"具有两种用法这一点，对于维氏来说并不是一种预设或假定，而是经过论证后达到的结论。如果心理学家们盲目地相信"看"只有一种一以贯之的用法，就必然会陷入困境。因此，放弃对"看"的用法的偏见，就是必然的选择。

考虑到维氏关于语词的意义在于其用法的观点，我们自然也可以说"看"具有两种意义："不要以为你事先知道在这种情况下'看的状态'是什么意思！让用法教给你意义。"（BPP I 1013/ MS 135：27—28）不过，为什么说这两种看的"对象"间的差异是范畴上的呢？为了理解这一点，我们需要认真研究一下相应的语言游戏。

在上一章，我们已经讨论了关于所见之物的描述这种语言游戏，它与对"看"、"看作"和思想的考察是密切相关的。在另外一处论述"看"的两种用法的地方，维氏写到：

> "我看到……"这种报告的两种用法。一种语言游戏是："你在那里看到了什么？"——"我看到……"而接着是用语词、一幅素描、模型或手势等等对所见之物进行的描述。——另一种语言游戏是：我们观察两张面孔，而我对另一个人说："我看到它们之间的一种相似性。"
>
> 在第一种语言游戏中，那种描述可能是这样的："我看见两张面孔，它们就像父子间那样相似。"——人们可以把它称作是一种不如一幅素描那样完备的描述。但是一个人可能会给出那种完备的描述，但并没有注意到这种相似性。另一个人可能会看到第一幅素描并发现其中的家族相似性；而也以同样的方式发现面部表情的相似性。（BPP II 556/参阅 PU II xi 111/ MS 137：37b—38a）①

---

① 另外两处与此类似的评论分别出现在 LS I 180 和 431 中。关于它们之间在表述上的细微差异，我们在此不再做进一步研究。泽麦克认为，所谓"看"的两种用法表明了，对相似性的注意不能还原为对对象的看。这有如下两点理由：第一，对相似性的看（在"看"的第二种意义上）预设了观察者把握到两个对象间的某种共同特征，但不能描述它；第二，人们可能会看见对象的所有属性而忽视相似性。相关讨论请参阅他的文章 "Meaning, the Experience of Meaning and the Meaning – blind in Wittgenstein's Late Philosophy"。应当说，这种概括是比较准确和精炼的。

由于关于所见之物的描述是多种多样的，我们实际上可以对它们做出各种细微的区分，但这些区分并不应当被给予同等的关注。在面相观看的问题中，最重要的是做出"看"、"看作"与思想之间的区分。应当说，"看"和"看作"这二者与思想间的界限还是比较明确的，因为与它们各自相关的表达式显然不同。但"看"和"看作"之间的区分，却因为相应表达式的迷惑性而显得模糊不清。而所谓两种"看"的对象在范畴上的区分，事实上也反映出"看"和"看作"在范畴上的差异。

毫无疑问，我们一般所说的"看"指的是一种视觉感知活动，它对应于维氏所说的"看"的第一种用法。在这种情况下，一个人可以用一系列的描述来向另一个人报告自己的所见之物。但是在"看"的第二种用法的情形下，这样的描述就不够了。例如，A 和 B 两个人同时看见了一对父子，A 看出父子二人在长相上的相似性，B 则没有。如果我们要求 A 和 B 给出各自的描述，那么他们对于两张面孔性质的描述将不会有什么区别，唯一的不同之处是，A 可以说"它们是相似的"，B 则做不到这一点。

如果考虑到面相观看的问题，那么情况会与此稍有差别，但所谓的"范畴上"的区分依然是成立的。例如，在鸭兔头的案例中，A 能够认出这幅图画既可以被看作一只兔子也可以被看作一只鸭子，B 则只能看见兔子。如果我们要求他们给出关于所见之物的描述，那么在不使用"兔子"、"鸭子"以及其他直接相关的概念的情况下（例如"耳朵"、"嘴"等），他们给出的关于图画性质的描述，也没有什么区别。A 和 B 之间的差异，只有在引入了相应的概念之后才能被表达出来。这说明，他们所进行的语言游戏，与一般所说关于第一种意义上的"看"的语言游戏，在范畴上是不同的。至于面相与相似性这两种语言游戏之间的关系，我们会在第五节加以讨论，而在此只需要记住：在关于面相与相似性的情形下，"看"的用法都属于与其第一种用法相区别的另一个范畴。

心理学家之所以完全忽视了如此重要的区别，是因为他们被语词的表面用法迷惑了：

> 对于面相的表达就是对于理解（Auffassung）的表达（因此也是对于一种治疗方法和一种技巧的表达）；但却被用作对于一种状态的描述。（BPP I 1025／MS 135：42）

> "看"这个词的用法绝不是简单的。——人们有时把它想象成像是一种活动语词（Tätigkeitswortes）的用法，——而把这种活动直接指示出来（deuten）是很困难的。——人们由此把它想象成比实际情况简单得多的样子，即可以说，看像是用眼睛饮入（Eintrinken）某物。如果我用眼睛饮入某物，那么关于我看见某物这一点，也就不再有什么怀疑了（如果我没有被那些成见欺骗的话）。（BPP II 372／MS 136：113b）

我们在导论的第一节中提到，在语言这个巨大的网络之中，任何一个概念都与另外一些概念处于错综复杂的关系中，而一种语言游戏也与其他一些种类的语言游戏处于这样或那样的关系之中。这种关系往往不是简单的并列或相加，而是类似家族成员之间的亲缘关系，在相似中总是伴随着各种差异。

> 困难之处在于不要迷失在这些"心理学现象"的概念之中。

> 要在它们之间游移而避免总是碰到障碍物。

> 也就是说，人们必须掌控住概念间的亲缘关系和差异。就像一个人掌控住从这个琴键到那个琴键的过渡，从一个变调到

另一个变调的过渡。（BPP I 1054/ MS 135：75—76）

所以，我们在考察概念间的关系时也要格外小心，不能将问题过于简化。"看"的两种用法的区分，就是防止不恰当的简化的第一步。这种区分，既是关于面相问题的最重要的区分，也是帮助我们澄清"看作……"与其他语词之间关系的起点。有了这个区分，我们便可以进一步阐述"看作"、"看"与思想三者之间的关系。对此，维氏自己概括道：

与科勒相反——这正是我所看到的那种意义。 （BPP I 869/ MS 134：59—60）

就……的范围内而言，这是一种看。

仅仅就……的范围内而言，这是一种看。

（这在我看来就是解决问题的办法。） （BPP II 390/ MS 136：119b）

简言之，那些在科勒看来不能与"看"连用的语词，实际上可以和"看"连用，可以是"看"的对象，只不过这是就"看"的另一种意义来说的。因此，对维特根斯坦而言这就是"答案"。不过严格来讲，这并不是最终的答案，而是解答问题的关键。

第二节　"看作"与感知和思想的关系

在第一章第七节中我们已经说过，詹姆士将面相类比于一种错觉。维氏有时也会说，"在面相和想象力之间有一种关联"。（BPP II 507）但如果简单地将面相归属于错觉或幻觉的范畴，那显然违背了如下两点基本事实。首先，我们对面相及其改变的把握，建立在对一个对象的清晰感知的基础上。其次，如果不采取维氏已经批评过的"纯粹主义者"的立场，我们很难给出比这种所谓的"幻觉"更为直接的描述。① 那些坚持"看作"是一种幻觉的学者（比如詹姆士），实际上还在坚持上一节中已经批评过的观点，即"看"只有一种单一的用法。所以在他们看来，当感知中有改变发生时，我们应当诉诸思想的领域——这最终只能是误入歧途。

> 这完全类似于关于物理对象和感觉印象的谈论。我们这里有两种语言游戏，而且它们彼此间的关系是错综复杂的。如果人们用一种简单的方式来描述这种关系，那么就会误入歧途。（BPP 289/ MS 131：88/参阅 PU II v 34）

在维氏看来，"我的思想的领地极有可能比我所预想的要狭窄得多"。（MS 135：84）很多事情是我们"真实地"看见的，而不是某种思考的结果。比如："而我的确看见了图像→和图像←是相同的。可以说，我不能只通过测量来认出这点！"（BPP I 878/ MS 134：68—69）再比如："不可能作为看的对象的东西在这里似乎成了看的对象。就像一个人说他看见了声音。（但人们确实说，自己看见了一个黄色或棕色的元音。）"（BPP I 1007/ MS 135：18）

那么，在已经批评了将面相观看简单地归于视觉或思想的两种方案之后，维氏是否就堵死了我们解答这个问题的所有可能的途径了呢？面相观看是否就成了某种神秘不可知的现象呢？恰恰不是这

---

① 关于感知、面相观看与幻觉三者之间的关系，可以参阅 Liu，*Wittgenstein über das Aspektsehen*，第 72 页的一张表格，它告诉我们关于这三者的表达式究竟有何异同。

视觉体验	表达	"看见某物"	"把某物看作某物"
感知		是	否
面相观看		是	是
幻觉（Sinnestäuschung）		否	否

"是"表示对左侧那一列中的视觉体验的表达，可以采用第一行中的表达式，"否"则反之。

样。当断言面相观看既不等同于视觉也不等同于思想的时候，我们并没有切断它同这二者之间的联系。考虑到维氏做出的"看"的两种用法的区分，以及我们在导论第一节中所讲的语言游戏之间的亲缘关系，面相观看仍然可以保持自身同感知、思想之间的亲缘关系。

在维氏论证面相不属于感觉领域的时候，他使用的方案是说明面相其实也与思想有着不可割裂的关系。比如，面相是服从于意志的：

123

> 我可以故意改变这个面相，也可以牢牢地把握住一个面相。（MS 132：177）

> 面相是服从于意志的。如果某个东西在我看来是蓝色的，那么我不能把它看成是红色的，而且说"把它看成红色"是没有意义的，但说"把它看作……"却有意义。而面相是自主的（至少在一定的程度上），这一点看上去对它来说是本质上的，就像如下事情一样：想象是自主的这一点对于想象而言是本质上的。我的意思是：自主性在我看来（但是为什么？）并非仅仅是一种附加物；就像人们说"依据经验，这种运动也可以这样被唤起"。换言之：人们可以说"现在把它看成这样！"和"请你想象……!"这一点是本质上的。因为这与如下事情联系在一起：面相没有"教给"我们任何关于"外部世界"的东西。人们可以通过说"这是红色而不是蓝色"来教授"红色"和"蓝色"这样的语词；但人们不能通过指向一个有歧义的图形来教给一个人"图形"和"底色"的意义。（BPP I 899/ MS 134：92—93/参阅 PU II xi 256）

而感知则不是服从于意志的，否则人们关于感知的表达将同现在实际的样子非常不同：

　　面相服从于意志这一点，并非是没有触及到其自身本质的一个事实。因为，如果我们可以任意地把事物看作是红色的或绿色的，那么情况会怎样呢？而人们将如何学会使用"红色"和"绿色"这些词？首先，那样就没有"红色的对象"存在，至多有一种人们更容易将其看作红色而非绿色的对象存在。（BPP I 976/ MS 134：175）

说面相既不是感知也不是思想，并不是在否认它们之间的亲缘关系。实际上，我们甚至可以在某种不严格的意义上说：面相既是感知又是思想。

　　我可以说"我现在看见了这个"（例如，指向另一幅图像）。这是对一种新的感知进行报告的形式。

　　对面相转变的表达是对一种新的感知的表达，同时伴有对不变的感知的表达。（PU II xi 130）

　　……那种关于面相转变的报告，从本质上说，拥有一种关于被感知到的对象的报告的形式。但是它的进一步的用法则是不同的。（LS I 447/ MS 137：112a—112b）①

　　"看作……"不属于感知。而且它因此既像看又不像看。（PU II xi 137）

考虑到上一节中提出的"看"的两种不同用法，在关于鸭兔头的游戏中，实际上可能存在两种属于不同范畴的情况，即报告感知和表达关于面相观看的体验：

　　人们向我展示一个图画兔子并问我，这是什么；我说"这是一只兔子"，而非"这现在是一只兔子"。我报告

---

　　①　手稿中最后一句话为："但是在使用中这二者却背道而驰。"

（teile…mit）感知。——人们向我展示鸭兔头并问我，这是什么；对此我可以说"这是一个鸭兔头"。但我也可以对这个问题做出完全不同的反应。说它是鸭兔头这种回答，仍然是对感知的报告；而"现在它是一只兔子"这种回答，则不是对感知的报告。如果我说"它是一只兔子"，那么我就回避了那种歧义性，我也是在报道（berichtet）感知。（PU II xi 128）

当然，作为一种与感知和思想都有亲缘关系的语言游戏，面相观看有着自己相应的前提条件，如同感知和思想有自己的前提条件一样。只有当这些条件都具备时，关于面相观看的语言游戏才能顺利进行。我们可以从两个层次谈论这种条件，第一个层次是感知和思想，第二个层次则是参与者的某种能力。

首先来看第一个层次。人们要想看到一个面相，必须满足以下两点：第一，他清晰地感知到这个对象（比如一个图画—对象，①也可以是任何其他有歧义的对象）的各种视觉性质，即拥有一个清晰的视觉感知；第二，他必须意识到这个对象可以有不同的看待方式。在一种不严格的意义上说，前者表明了面相观看与感知的联系，后者则表明了它与思想的联系。但是，这两种联系并不是截然分开的，而且，它们各自的角色也有很大差别。清晰的视觉感知更像是一种感觉领域中的事情——如果一个人拥有健全的感官，那么他似乎就不大可能在这一点上犯错误。但是对不同看待方式的意识则是另一回事，它实际上要复杂得多。

如果一个人不知鸭子为何物而只认识兔子的话，那么当他面对"鸭兔头"这个图画—对象时，显然不会看见任何有关鸭子的面相，而只能看见兔子。

---

① 鸭兔头图画是这样一种图画：它是较高程度的图示（highly schematic）和最小程度的描绘（minimally sketched），是表征性的图像，因而被维氏称作"图画—对象"（Bildgegenstand/picture‑object）。参阅穆哈的文章"Seeing Aspects"。

我应当说："一只兔子可以看上去像是一只鸭子吗"？

是不是可以设想，一个认识兔子但是不认识鸭子的人说："我可以把这幅图像 看作兔子、也看作别的东西，尽管我没有适用于第二种面相的词？"然后他学着知道了鸭子并且说："那时我就是把那幅素描看作这个！"——为什么这是不可能的？（BPP I 70/ MS 130：132—133）

126   在立方体图示的面相中情况也是如此——一个从不知道盒子是什么的人，自然也不可能把它看作一只盒子。然而，与感觉器官的健全相比，意识到不同的看待方式这一点则显得十分独特。这就涉及到我们要讲的第二个层次，即参与者的能力。对不同的看的意识，首先要求一种能力，该能力并非体现在感官之中，而是一种理智上的能力。此外，这种能力是一种潜能，并不一定要实现出来。比如，在鸭兔头的面相中，人们只需要能认出鸭子和兔子即可，而无需将自己对兔子或鸭子的所有了解都现实地表现出来。而且，这种能力显然不是先天的，而是后天获得的。这里所说的"后天获得"，是在维特根斯坦的意义上被使用的，与科勒所批评的那种后天习得的知识并不相同。①

不同人的学习情况会非常不同，这是很自然的。而我们据此可以推断说，在意识到一个对象有不同看待方式这一点上，人们的情况也会非常不同。的确如此。对相关能力掌握的熟练程度的不同，意味着人们在语言游戏中会有完全不同的表现。某些人会因为不具备某些能力，而无法意识到不同看待方式的存在。此时，对他而言，关于面相观看的语言游戏不具备相应的条件，是无法进行的。

---

① 至于这种不同究竟在哪里，我们会在第四章第六节进行讨论。这里只需要注意一点，即不要被"学习"这个语词的表面用法所迷惑。尽管一般而言，人们都认为"学习"是与先天的事项相对而言的，但维氏则摈弃了这种先天/后天二分的成见。

这样的人，被维氏称之为"面相盲"。在下一章，我们会再来详细分析这个概念的含义。

"学习"的确为我们提供了一种很好的角度，来思考"看作"与感知、思想间的关系。显然，我们对于面相观看的学习，同对于感知、思想的学习都是不同的，但又有着这样或那样的亲缘关系。比如，在学习关于感知的表达式时，老师们会让儿童尝试描述某个对象，与此相应的语言游戏是这样的："'这是什么?'——回答说'这是……'""我们学习描述对象，并由此在另一种意义上学习描述我们的感觉。"（BPP I 1082/ MS 135：102）与一些哲学家的设想不同，对感觉的描述并非是对对象描述的基础。实际情况恰恰相反：孩子们都是首先学习"这是什么?"这种语言游戏，然后才学会描述自己的视觉感知。换言之，"这是什么?"是比"你看见了什么?"更为基本的语言游戏。在一个人对诸多概念有了足够的掌握之后，"你看见了什么?"才有可能演变成一种关于面相的语言游戏。因此，不能简单地认为，关于面相观看的语言游戏与关于感知或思想的语言游戏是等量齐观的。后面两种游戏是我们进行关于面相观看的语言游戏的前提的一部分。

总而言之，"这里存在着无数具有亲缘关系的现象和可能的概念"。（PU II xi 155）关于面相观看的语言游戏处于各种语言游戏编织而成的大网之上，我们可以将它看作其中的一个结点。这个结点与其他的线和结点相互关联，一旦我们去掉那些作为其基础的结点，它也就不复存在了。

　　但这是否显示出这些情形与"看"无关——而与思想有关？与此相反，我们已经说过，一般而言，人们想谈论的是看。——我是否应当说，它在这里是一种介于看和思想之间的现象呢？不；这是一个介于看和思想的概念之间的概念，换言之，它类似于这两者；这种现象与看和思想的现象都有关（例如，"我看见这个 F 是朝向右边的"这种表露的现象）。

（BPP II 462/ MS 137：20a）

这种面相似乎属于内部的物化之物（der innern Material-
isation）的结构。（LS I 482/ MS 137：125a）

这种关联不是简单的集合关系（比如整数是实数的一个子
集），也不是传统哲学中所说的"归类"（subsume，指某个个体归
类于某个概念之下）或"隶属"（subordinate，指某个概念隶属于
另一个概念）。准确地讲，它是一种家族成员间的关系。在家族
中，子辈自然以父辈为基础，没有父辈的话子辈也就不可能存在，
但我们不能从父辈的性质完全推导出子辈所具有的全部性质，这两
代人之间只具有家族相似性。当然，我们可以刻画出这些相似性的
诸多方面——比如他们的某些基因是相同的——但不能将这种相似
性还原为某些抽象的性质。具体到"看作"与感知、思想这些概
念而言，情况是这样的：如果没有感知和思想，那么也就不会有
"看作"，但后者绝不等于前两者的前后叠加，而是另一种语言游
戏，该游戏以关于感知和思想的语言游戏作为自己前提的一部分。

这样的观点其实并不会晦涩，因为在具体的语境中，我们可以
通过对语言游戏的观察而清晰地辨别出它们之间的相似与差异。而
且，"看作"与感知、思想间这种微妙的亲缘关系，可以帮助我们
根据不同的情况对面相进行分类，这种分类涉及到在某种面相观看
中感知和思想所起到的不同作用，而这将是下一节的主题。

第三节　视觉面相与概念面相

就理解一种语言游戏来说，我们首先要了解它的特征以及它同
其他语言游戏的关系，然后还要对其中涉及的概念进行澄清。这种
澄清工作往往会涉及对概念所包含子类的进一步划分。这既是对维
特根斯坦文本研究的要求，也可以为我们对心理学家的批评提供方
便。具体到本节所讨论的问题，我们需要考虑"面相"或"面相

观看"的概念是否包含一些子类。

科勒明确阐述了对"组织改变"情况的进一步划分。在第一章第五节中我们提到，他依据原因的不同而将"组织改变"分为两种情况：一种是不依赖于观察者态度的（比如图 V），另一种是依赖于观察者态度的（比如将等距离的点看作不同的格式塔）。这种分类显然有利于心理学实验研究的方便，因为研究者可以据此分析观察者内部不同的神经过程。但是，这样的分类不能满足维氏对于"语法研究"的要求，因为关于这两种面相的描述之间的区别是模糊和不确定的，它依赖于心理学家成问题的假定，也依赖于某些实验的结果。为此，我们必须寻找其他的、哲学上的分类标准。

在这一点上，维氏的论述显得比较凌乱。他使用了比如"组织面相"、"诸面相 A"和"概念面相"等术语，但并没有明确地讲面相可以分为哪几种，其相互之间的关系如何。不过，他区别不同面相的大致标准却比较清楚，那就是关于各种面相的语言游戏在所需前提条件上的不同。我们可以据此来总结他对面相分类的讨论。

哈尔克帮助我们总结了一种比较容易被接受的看法，即面相可分为如下两种情况。

第一种是纯粹的视觉面相，它们是自动变化的，类似于后像的情况。这并不与维氏如下的基本主张相冲突，即面相的变化要以对相应概念的掌握为前提。因为"自动变化"并不意味着观察者对概念的掌握在相应的感知活动中不起作用，只是这种变化或许不服从于意志罢了。（参阅 BPP I 970，1017）而其下的一个子类是组织面相，这基本就是指科勒所讨论的那些现象。（参阅 LS I 444，529，530）在这里我们可以看到，科勒所讨论的问题，可以算作是维氏所关心的问题下的一个子领域。

第二种是概念面相。（参阅 BPP II 509）哈尔克认为，面部表情是这种面相的一个极好的例子，因为我们在描述表情的时候必须要使用到各种概念。这里需要注意的是，事实上，对面相进行纯粹的视觉或几何学的描述是不可想象的，只不过视觉面相所需要的概念能力可能更简单。但无论如何，纯粹视觉面相不能仅仅由实指定义来描述。这意味着，虽然使用了"概念面相"这样的术语，但"概念"是否参与到相关的感知活动中，并不是划分上述两种面相的标准。①

实际上，维氏从不认为人们的这种感知活动可以完全独立于自己对相应语言概念的掌握。他区分两种面相的标准肯定不像字面上所反映的那么简单。我们在本节的核心任务，就是确定他的划分标准究竟是什么。为此，我们还是必须从维氏的文本入手。

哈尔克的划分大致符合维氏的本意。他在如下评论中也明确提到了面相可以分为两种：

> 我想说：存在着主要由思考和联想决定的面相，也存在另一种"纯粹视觉上的"面相，它们自动地产生和改变，差不多像后像（Nachbilder）那样。（BPP I 970/ MS 134：174）

这里所提到的"纯粹视觉上的"面相，使我们想起科勒对于两种面相的划分。在他看来，有一类面相的改变不依赖于观察者态度的改变，另一类则依赖于这种改变。只不过，对于科勒来说，无论哪种"组织改变"，从根本上说都是"视觉上的"；而对维氏而言，就有概念参与其中这一点来说，两种面相其实都是"概念上的"。

在另外一些地方，维氏将"纯粹视觉上的"面相称作"诸面相 A"，其典型代表是"双十字"。之前说过，这个图形既可以被看成黑底色之上的白十字，也可以被看成白底色上的黑十字，甚至还有其他可能性。但维氏关心的，主要是黑白十字这两种面相，他

---

① 以上内容参阅哈尔克的著作 *Beyond the Inner and the Outer* 的第六章 "The Meaning of Aspects"，尤其是第 169—170 页；以及 LS I 699。

称之为双十字的主要面相，这便是"诸面相 A"。当对这些面相进行描述时，人们可以交替地指出这两种十字。（参阅 PU II xi 215）

在维氏看来，诸面相 A 与立体的面相①有着如下微妙关系：一方面，与概念面相相比（例如鸭兔头，或字母"F"朝向哪边），诸面相 A 类似于立体的面相，可以用视觉概念加以描述（参阅 BPP II 450/ MS 137：13a）；另一方面，"诸面相 A 并非在本质上是立体的面相，白色背景上的黑色十字也并非在本质上就以白色的平面作为背景。人们可以教给一个人在另一种颜色背景之上的黑色十字的概念，而除了纸张上的十字形之外，不需要向他展示任何东西。'背景'在这里只是十字形图形的环境（Umgebung）罢了。"（PU II xi 218）也就是说，与立体对象不同，在诸面相 A 中，对象与背景的关系并非是本质上的，我们可以将这种背景更换为任何与对象不同的颜色（比如灰色等等）。

至于所谓的概念面相，维氏举出的典型例子就是引自雅斯特罗的鸭兔头。关于这种面相的特征，他做出了这样的刻画：

> 在面相中，那种概念性的东西有时会占据主要地位。换言之：有时只有通过一种概念上的解释，一种面相体验的表达才是可能的。而这可以有各种不同的种类。（LS I 582/ MS 137：134a）

"主要地位"这种说法是十分准确的，它意味着，在面相观看中概念不会不起作用，而只是扮演的角色有所不同罢了。在维氏那里，对面相体验的表达与这种体验本身从来都是不可分离的，这一点我们在本章随后讨论"内在关系"的几节中还会详细谈到。在

---

①　所谓立体的面相是指用二维图画来表现立体对象时产生的面相，比如詹姆士所举的阶梯的例子或内克尔立方体。维特根斯坦认为立体面相"与一种可能的错觉相联系"（PU II xi 218）。这一点我们会在本章的附录中讨论。

此我们只需记住，如果一种面相观看的体验无法被表达，那么尽管我们不能否认它在某种意义上存在，但也全然无需对它感兴趣，更不要奢望能够对其进行任何合理的或有意义的讨论。

看了维氏自己的表述后，再让我们回到刚才提出的那个关键问题：区分这两种面相的标准是什么呢？如果我们像心理学家那样，假定不同的面相对应着神经系统中的不同过程，那么这种标准就只能诉诸关于神经系统的实验及观察。但这不可能是一种哲学家感兴趣的工作，因为它根本不能反映出两种面相在哲学上令人感兴趣的差别。之前我们曾说过，只有考察关于各种面相的语言游戏在所需前提条件上的不同，才能确定这种标准。现在是时候来这样做了。

维氏明确地指出了这种前提条件上的差异："只有当一个人熟知这两种动物的时候，他才能'看见兔子和鸭子的面相'。但诸面相 A 则不需要这样类似的条件。"（PU II xi 216）这里所说的"条件"不能被简单地理解为对概念的使用，因为任何对面相的描述都会涉及到相应的概念："如果我在描述一个面相，那么这种描述预设了那些不属于对这个图形自身的描述的概念。"（BPP I 1030/MS 135：45）

那么，究竟该如何理解维氏所说的"条件"呢？这里有两点需要考虑。

第一，我们对于视觉面相和概念面相进行描述时所使用的概念是不同的，前者只要求视觉上的概念，比如颜色和形状等，后者则要求更为复杂的概念，以及对这些概念的熟练掌握。因此，至少就所涉及概念的复杂程度来说，视觉面相与概念面相是有明显区别的。[1]

第二，更为重要的是，尽管这两种面相之间的界限似乎不是绝对清晰的——特别是当想象力参与进来后，情况会更为复杂，这一点我们随后还会谈到——因而我们对这两种面相的区分本身不可能

---

[1] 关于这一点，请参阅 Hark, *Beyond the Inner and the Outer*，第 168—169 页。

苛求一种严格的标准（这种区分涉及不同的概念使用，而概念的使用的界限往往是模糊的）；但是，这绝不意味着两种面相是混淆在一起的。实际上，只要考虑到具体的概念和语境，我们一般都可以比较明确地认识到视觉面相和概念面相的差异。这就是在 BPP II 509 中维氏所表达的意思："请记住：对一种面相而言，常常存在着一个'贴切的'语词。"① 在特定的语境中，我们往往可以找到一个最恰当的语词来指示自己所看到的面相，这个语词足以帮助我们确定，是何种概念参与到了对面相的观看之中。"贴切的"语词的存在，可以作为关于面相的表达的一个特征。所以，尽管抽象地谈论区分两种面相的标准似乎充满了困难，但在一定的语境中找到那个"贴切的"语词并在此基础上区分两种面相，却并不是件难事。在"内在关系"概念被引入后，我们会进一步地阐明，为什么做到这一点并不困难。

不过，除了我们上述讨论的两种面相之外，维氏还提到了另外两个概念：一是组织面相，二是需要想象力参与其中的面相。

如前面所说的那样，"组织面相"应当是视觉面相的一个子类："人们可以把一种面相称为'组织的面相'。当面相改变时，图画的部分会以以前没有的方式组合在一起。"（PU II xi 220）这种面相与科勒的"感觉组织"概念关系密切。组织面相的一个例子是："如果某个人把一条线上等距的点看作这样一条由成对的点组成的线条，即它的内部的距离比外部的距离短，那么他可以说，自己看到这一系列东西以一种独特的方式被组织起来；因为他所描绘的关于这一系列东西的图像，恰恰拥有一种独特的组织。"（LS I 444/ MS 137：122a）这与科勒在图 II 中提到的点的例子非常相似，应当被视作视觉面相的一种比较独特的情形。不过，维氏不赞同科勒对这种面相的特征所做的阐释。

而当想象能力参与到面相中之后，情况会变得非常复杂。与此

---

① 着重号为本书作者所加。

133

相关的例子是三角形的面相：

> 以三角形的诸面相为例。这个三角形 △ 可以被看作：一个三角形的洞，一个物体，一个几何图形；站立在其底边上或悬挂在其顶点上；一座山峰，一个楔子，一个箭头或指针；一个（例如）以较短的直角边为底边、又被倒置过来的物体，一个平行四边形的一半，或其他各种东西。（PU II xi 162）

> 某人可以把鸭兔头仅仅认作一幅兔子的图像，也可以把双十字仅仅认作一幅黑色十字的图像，但不能把一个单纯的三角图形认作一幅倒下的对象的图像。看见三角形的面相需要想象力。（PU II xi 217）

当想象力参与进来之后，我们很难在与看见一个视觉面相或概念面相相同的意义上，"看见"一个"想象面相"：

> 我可以把这个立方体图示看作一个盒子，但不能：有时看作纸盒，有时看作金属盒。——如果一个人向我保证，他能把这个图形看作金属盒，那么我应当说什么呢？我是否应该回答，这并不是看？但如果这不是看的话，他能够感觉到它吗？
>
> 如下这种回答自然是可以接受的：只有能够真实地被看到的东西，人们才能对之进行视觉上的想象。（BPP II 492/ 参阅 PU II xi 219/ MS 137：26b）
>
> 一个人可能在瞥见一块岩石时呼喊道"一个人！"，并且或许向另一个人指出自己如何在那块岩石上看到那个人，——哪里是面孔，哪里是脚，等等。（另一个人可能在同样的形状中以不同的方式看到一个人）
>
> 人们会说，想象力对此是必不可少的。但是，把一幅狗的逼真的图画认作一只狗，则不需要想象力。（BPP II 513/ MS

137：31a)

甚至可以说，在"想象面相"中，我们已经无法明确地区分开面相和思想。不过，所谓的"想象面相"又确实包括了视觉的部分，因为"只有能够被真实地看到的东西，人们才能对之进行视觉上的想象"。正因为如此，维氏认为，不同面相之间也并不完全是在同一层次上的，其中的某些面相更为基本：

> 把一个三角形看作半个平行四边形需要想象力，而看见双十字的主要面相则不需要这一点。(LS I 698/ MS 138：1a)
>
> 后者似乎是比前者更加基本的一种。(LS I 699/ MS 138：1a)

尽管双十字的面相似乎"更加基本"，但这并不意味着其他面相是视觉面相"加上"某个东西（比如概念）而产生的。维氏的意思是说，双十字这样的面相需要的要素更少（比如不需要想象能力），因而是更为基本的。想象力参与进来的过程，并不是一种"加入"或"加上"某个东西的简单过程，这其中的感知活动本身已经发生了改变，以至于相应的情况比鸭兔头这样典型的面相更为复杂。

在对想象力参与其中的面相进行描述时，情况也会非常有意思，因为由想象力添加在面相之上的东西往往都不是本质上的，在很多语境中，人们也往往不会对它们感兴趣：

> 例如，人们可能会问："你声称自己把这幅图像看作金属线框。你是否知道它也可以是铜丝或铁丝？而且为什么它就应当是金属线？"——这表明，"金属线"这个词其实并不是绝对地属于这个描述的。(BPP I 21/ MS 130：102—103)
>
> 请记住：对一种面相而言，常常存在着一个"贴切的"

(treffendes) 语词。

例如，如果让一个人注视双十字并且报告他看到两种面相（黑十字或白十字）中的哪一个，那么对我们而言如下事情会是无关紧要的：他是否说自己有时把它看作像是一座带有四个翅膀的白色风车、有时则是一个站立的黑十字，或者他是否把那个白十字看作一张四个角折向中心的纸。那个现在被看到的十字，也可能被看作一处十字形的开口。但这些区分对我们而言并不一定是重要的；而人们可以在"纯粹视觉上的"和"概念上的"面相之间做出一种区分。（与此相似，在一场梦境的讲述中被人们用来描述梦中情境的那些特定的语词，可能是重要或不重要的。）（BPP II 509/ MS 137：30a—30b）

当人们在玩关于框架或双十字面相的游戏时，一般不会关心图画被描述成"金属的"或"折纸"、"裂缝"，尽管这种描述自然是有意义的。所以在很多语言游戏中，我们似乎可以有足够的理由将"想象面相"排除在真正的面相之外。

把上面讨论的所有情况考虑在一起，便有了维氏如下的一段评论，这将我们带回到本节关于视觉面相和概念面相的核心话题：

人们难道不是必须把纯粹视觉上的面相和其他的面相区别开来吗？

它们彼此间非常不同，这是显而易见的：例如，深度有时出现在对它们的描述之中，有时则不出现；有时面相是一种特定的排布（Gruppierung），但如果人们把面孔看作线条，那么就不仅仅是在视觉上把它们作为一组东西把握在一起；人们可以把一幅立方体的图示性的素描看作一个打开的盒子，或是一个倒下或站立着的固体；这个图形 不是仅仅能用两种、而是可以用很多种不同的方式看待。（BPP I 1017/ MS 135：

30—31）

从根本上说，视觉面相与概念面相的区分是相对的。即使在对视觉面相的描述中，我们也不可能完全抛离开任何概念，至少必须使用一些基本的视觉上的概念；而在对概念面相的描述中，我们需要对于更为复杂的概念及其相互关系的熟练掌握。"只有对于一个能够熟练地对一幅图形进行某种使用的人，才能够说他现在这样看它，现在又是那样看它。……这种体验的基底是对一种技巧的掌控。"（PU II xi 222）而在某些情形下，我们对面相的一些描述又是无关紧要的，这点被维氏比喻成对梦境的描绘："在一场梦境的讲述中被人们用来描述梦中情境的那些特定的语词，可能是重要或不重要的。"（BPP II 509/ MS 137：30a—30b）即使我们不考虑这些语词，也依然不会影响关于面相的"贴切的"描述。或许，有些面相本身就如同梦境一样，尽管我们似乎对它们有一种清晰的感知，但描述起来却无比困难。

137

第四节 面相的闪现与持续出现

视觉面相与概念面相的区分，是"面相"这个大类别之下两个子类的区分。在这种区分之外，维特根斯坦还提醒我们，必须将"面相闪现"与"面相的持续出现"区别开来。

我们必须把对一个面相的"持续的看"同面相的"闪现"区别开来。

这幅图像也许已经被展示给我了，而我在其中没有看到除兔子之外的任何东西。（PU II xi 118）

例如，人们可以通过（用目光）来追踪一张面孔的某些线条来唤起面相的闪现。（LS I 436/ MS 137：120b）

这种区分与上述两种面相之间的区分不同。诚然，它们最终说来都是语法上而非经验科学上的区分，但"持续"与"闪现"则是在另一个层次上的。它们是两种相区别的语言游戏，而非两个相区别的概念。这种区别主要不在于它们在某些特征上的不同，而在于它们实际上对应着不同的表达式。请参考如下评论：

> 如果我说，我看见这个图形一直是红色的，那么这意味着，它是红色的这样一种描述——通过语词或图像进行的描述——也一直是正确的，没有改变；因此，那种图形改变了的情况是与此相对立的。——这里的诱惑在于，用"我这样看它"这些语词来描述一个面相，而并不指向任何东西。如果有人把一张朝向某处的面孔描述为一个箭头，那么他会说："我看见这个：→，而非这个：←。"（BPP I 863/ MS 134：56—57）
>
> 与持续地看作→相对应的是如下事情：这种没有任何变化的描述是正确的，而这仅仅意味着面相并没有发生转变。（BPP I 864/ MS 134：57—58）

从这些段落可以看出，"持续的看"同"闪现"之间的区分其实比较明显，因为人们在这两种情况下会进行完全不同的表达。与持续的看相对应的是一种描述，而与闪现相伴的则往往是一声惊呼。前者是对感知的表达，后者则是对某种独特的视觉体验的表达。①

> 我观察一只动物；人们问我："你看见了什么？"我回答："一只兔子。"——我看着一片风景；突然跑过一只兔子。我

---

① 前面已经说过，"体验"比"感知"的范围要宽泛得多，感知属于体验的范畴。所谓"独特的视觉体验"则可以与感知有某些交集。

惊呼道"一只兔子!"。

报告和惊呼这二者,是对感知和视觉体验的表达。但这种表达是惊呼这一点的意义,不同于这种表达是报告这一点的意义。它从我们身上挣脱出来。——它与体验的关系类似于喊叫与疼痛的关系。(PU II xi 138)

它是对感知的描述,所以人们也可以称之为思想的表达。——某人观察着这个对象,但不必思考它;可如果某人有以惊呼作为表达的视觉体验,那么他就要思考自己所看见的东西。(PU II xi 139)

而因此,面相的闪现似乎一半是视觉体验,一半是思想。(PU II xi 140)

对面相的看的表达是对新的感知的表达。(LS I 518/ MS 137:128b)

在面相闪现时,人们会像疼痛时一样发出一声惊呼:"我想说,自然的、原初的关于面相体验的表达应该是一声惊呼,也可能是眼睛的一眨。(我想到了什么!)"(BPP I 862/ MS 134:56)在对象实际上发生转变的时候,人们也常常会做出类似的反应。但我们知道,在面相闪现的时候,被观察的对象自身其实并没有改变。如果只考虑这种反应的话我们会发现,面相闪现和对象自身发生的转变,这两种情况似乎十分相似。

我们是不是发明了人类的语言?正如我们没有发明用两条腿走路一样。① 如果确实如此,那么一个重要的事实就是,当那些应当用线条重现一只巨大的熊的人们被要求以自己的方式这样做时,他们会总是或在大多数情况下以一种特定的方式、

---

① 手稿中这里还有一段话:"星座的概念。这里科勒会说:感官感觉集中于其上,并因此对我们的概念负责。"(MS 137:9a)

而从不以另一种特定的方式来这样做。

但这是否意味着：这个星座被这样看见？例如，这里是否已经存有面相突然转变的可能性？因为这的确是这样一种突然的转变：我们感觉到其与一个视觉对象的转变的相似之处。（BPP II 435/ MS 137：9a—9b）

但是，这并不意味着我们有任何理由将这种闪现等同或混同于对象自身的改变。尽管只是一声惊呼，但面相闪现也依然是感知和思想的混合：

140

什么是这种闪现的独特的表达呢？我如何知道某人有这种经验呢？——这种表达类似于对惊讶的表达。（LS I 437/ MS 137：120b）

一种面相闪现出来，随后又消失。如果我们应当持续地意识到它，那么我们就一定不断地再现它。（LS I 438/ MS 137：120b）

在面相闪现时，我是否可以把一种视觉体验同一种思想体验分开？——如果你这样做，那么面相的闪现就似乎消失了。（LS I 564/ MS 137：132b）

某种一闪而过的东西可能会使我感到吃惊，或者可以说，在身体上使我感到吃惊，而我并不需要对它进行思考。换言之，例如，即使我被吓了一跳，我也可以继续一段思考的过程。（LS I 568/ MS 137：132b）

哈尔克指出，面相闪现的重要之处在于：在有些情况下，一些描述可能成为间接的描述。比如，在内克尔立方体的例子中，一个人既可以指向一件复制，也可以指向一个三维模型。此时，后者会被认为是关于视觉体验的一种多余的、间接的描述，它仅仅表明该图像可以以另一种方式被看待，而前者则是更为直接和准确的报告。但是，在关于面相闪现的案例中，表达视觉体验的唯一可能的方式，就是诉诸对所见之物的描述，这并不是多余的、间接的，而这一点可以被视作面相闪现的一个特征。[①]

还是以内克尔立方体为例。人们在表达关于这种立方体的视觉体验时，"复制"不再是一种多余的东西，而在本质上是一种对所见之物的表达。面相闪现似乎是一种对新感知的报告。在面相闪现的情形下，"现在它是一只兔子！"与面相闪现的体验之间的关系是本质上的，如同呼喊与疼痛的关系一样，而维氏所反对的那种观点则不能解释这一点。可以说，面相闪现有如下两个特点：第一，在其中说话者对语词的使用是一种当即的反应，是一种对视觉体验的直接描述，无需任何"内部对象"作为中介；第二，同样类似于源自疼痛的惊呼，对这些语词的表露是相应的视觉体验存在的标准。（参阅 BPP I 13）对面相闪现的表达，实际上包含着两个方面，一是对所见之物的报告，二是"惊呼"。这两个方面是联合在一起的，这使得它同其他一些现象（比如典型的对所见之物的报告或惊呼）区别开来。

> 如果他现在对我说，他持续地意识到这一深度，——那么我相信他吗？如果他说，他只是在谈到它时偶尔地意识到它，——我在这一点上相信他吗？我觉得这些回答似乎建立在错误的基础之上。——但如果他对我说，在他看来这个对象有时显得是立体的、有时则是平面的，那么情况就不同了。（BPP II 446/ 参阅 PU II xi 241/ MS 137：12a—12b）

我们已经说过，面相的持续出现和面相闪现之间的区分是很明显的。但它们之间的关系却还有着其他重要的角色。穆哈认为，关于面相闪现的问题，维氏实际上强调了如下三方面的事情。第一，

---

① 参阅 Hark, *Beyond the Inner and the Outer*, 第 10—11 页。

当看见一个图画—对象时，我们看见的是其所描画（depict）的东西，我们用"它是一幅关于什么的图画"来描述自己在其中感知到的东西，而不是用各种线条的排布来进行描述。第二，我们可以不区分图画与其所描画的对象。第三，一般情况下，我们对那个图画所描画的东西的反应与对那幅图画的反应没什么不同。① 从这三件事情来看，我们可以从更深刻的角度考虑面相的闪现与面相的持续出现之间的关系。在面相的持续出现的情况下，人们把握住了上述所有三个方面的事项。维氏在这里所追求的，是人们在面临面相转变时一种在反应上的当即性（immediacy）。对一个能够熟练掌握相关语言游戏的人来说，即使仅仅瞥见一幅图画，也能够当即做出恰当的反应。我们将图画—对象当作其所表现的对象一样来对待，这其实只是无处不在的人类的态度。而那些没有熟练掌握相关语言游戏的人，则不能像对待图画所描画的对象那样来对待图画。

> 如果一个人第一次注意到这幅图像是有歧义的，那么他可以用这种惊呼做出反应："噢，一只兔子!"等等；但如果他现在持续地看到一个面相，他不会想去不断地说"噢，一只……!"（BPP I 861/ MS 134：55—56）

所以，人们是否熟练掌握了相关的语言游戏这一点，会影响人们在面对图画时的反应。而一个合格的说话者，应当在恰当的环境中做出一种不假思索的、直截了当的反应。可以说，这种反应正是面相闪现的本质所在：

> 请你设想，有蓝色和红色两种灯光，在我的眼前交替出现。我的任务是，在蓝色的灯闪现时按下一个按钮，在红色的灯闪现时按下另一个。一个人当然可以完全机械地来做这件

---

① 参阅穆哈的文章 "Seeing Aspects"。

事。——现在请你设想用黑白双十字的两种面相来玩这个游戏。难道这里不可能存在一种同样机械的、不假思索的反应吗？（LS I 570／MS 137：133a）

不过，即使人们做出了这种不假思索的反应，这也绝不意味着"思想"被完全排除在外——面相闪现也依然包含着思想。

在面相闪现时，我是否可以把一种视觉体验同一种思想体验分开？——如果你这样做，那么面相的闪现就似乎消失了。（LS I 564／MS 137：132b）

我相信，人们也可能这样说：对于面相的转变来说，一声惊呼（Staunen）是本质性的。而惊呼是思考。（LS I 565／MS 137：132b）

是什么闪现出来呢？例如，兔子的面相。而思想之为思想，就在于人们只能这样来表达它。（LS I 567／MS 137：132b）

如果没有面相的转变以及与之相应的面相闪现，事情就会非常不同："如果没有面相的转变，那么就应该只有一种理解，而非一种这样或那样的看。"（BPP II 436／MS 137：9b）在没有面相闪现的情况下，我们很难继续在之前所说的那种意义上使用"看"或"看作"，不能说有各种不同的看，而只能说这里有一种唯一的理解。此时，剩下的似乎只有"纯粹的"看和"纯粹的"思想，而没有两者结合在一起的那种东西了。

此外，我们还必须考虑到这样一个难题：如果面相闪现的独特表达式是某种惊呼的话，那么我们如何把它同其他一些惊呼区别开来？比如，我在凝视一幅鸭兔头图画时，首先看到一只鸭子，然后突然看到兔子的面相，于是我惊呼："嚯！兔子！"而在另一种情形下，我在野外突然看到一只兔子跑过，我惊呼道："嚯！兔子！"

后一种情况显然不属于面相闪现，此时观察者发出的惊呼如同从是他身上挣脱出来的一样。

在面相闪现和普通的惊呼之间的区分问题上，面相的持续出现的意义就体现出来了。对这个问题，穆哈提出了一套自己的解释。在他看来，所谓"当作"或"认作"，是持续的面相感知的另一张标签而已，因为问题的关键不在于对感知到的东西给出一种关于它表现的是什么的描述，而在于这种描述的当即性。[①] 他使用了一个海德格尔式的术语"在手性"（readiness – to – hand）来代替当即性这个词。"在手性"表明，施事者毫不犹豫地将感知到的东西当作图像。"当作"是一种态度，是我们称相应的感知活动为"看"的一种理由，而不是某种与"看作"相区别的东西。所谓"当作"，指的是人们将一幅图画当作图画还是画布上的一堆杂乱颜色。在人们面对艺术品时，情况也是如此。总之，面相的持续出现就是"当作"，而"当作"是人们所采取的一种态度。我们在把某幅图像当作它所表现的对象时，并没有把它当作对象本身，也没有当作一种由线条颜色等组成的物体。有了这样的对持续出现的理解，我们也就不难弄清楚面相闪现与普通的惊呼的不同了：在面相闪现的情形下，两种不同的持续的看之间发生了转变；但在兔子突然跑过的情形下，则没有这种持续的看存在。

但是，穆哈对于"当作"的解释，与本书第三章第二节中对"当作"的解释不尽相同。笔者认为，对于维特根斯坦而言，闪现与持续出现之间不存在哪一个更为根本的问题。说持续出现实际上等同于"认作"或"当作"，恐怕并不符合维氏的本意。事实上，即使我们不断言"认作"是"持续的看"的某种标签，也依然有足够的根据来区分面相闪现和普通的惊呼——只要在特定语境中仔细考察人们的表达，就不难做到这点。不过，穆哈关于持续的看与审美等问题之间联系的评论，似乎更值得我们注意。因为在人们丰

---

① 参阅 Mulhall, *On Being in the World*，第23—27页。

富的生活中，面相的持续出现的确扮演着更为重要的角色，它为许多体验（比如审美体验）提供了基础。

在面相闪现与面相持续出现的讨论中，我们实际上遇到了这样的难题：当我们无法将闪现与某物的突然出现区分开的时候，需要诉诸面相的持续出现（也就是说，我可以一直将某物看作某物）；而当无法将持续出现与一般的感知区分开的时候，又需要诉诸面相的闪现（当面相改变时，我会立即发出一声惊呼）。实际上，尽管维氏强调必须将面相的闪现与持续出现区别开，但这并不是说要将二者割裂开，也并不妨碍我们去意识到这二者其实是紧密联系在一起的。当考虑到它们之间的联系时，我们就可以将面相观看与其他一些体验区别开来。它们相互区别又彼此密切相关，这一点体现了面相观看的独特特征。

第五节　面相与相似性

至此，我们已经对维特根斯坦关于面相问题的讨论进行了很多整理和重构。不过，问题还远没有完结。在我们试图解决已有问题的同时，新的问题已经涌现出来。有些学者就有这样的建议：既然从"看"的两种用法出发，看见一个面相和看见相似性都属于"看"的同一范畴，那么对面相的看是否可以还原为对相似性的注意或"看"呢？

这个问题实际上就是威尔克森（T. E. Wilkerson）在他的文章《看作》（"Seeing－as"）中提出的担忧。在他看来，维氏所谓的"看作"并非适用于它所声称适用于的所有情况。因为这样的"看作"其实有两种含义：第一种是不符合维氏自己用法的，即人们也可以说"把 a 看作 a"，并试图把 a 看作 a；第二种则是符合维氏自己用法的，即人们不能说"把 a 看作 a"。威尔克森怀疑，第一种用法其实也是可以成立的。比如，在某些感知错误的情形下，我可以说"现在我把 a 看作 a 了"，因为之前我由于粗心而把 a 错看为别的东西。威尔克森认为："把 a 看作 b"蕴含了 a 实际上并不是 b，这类似于错觉的情况。如果维氏对于"看作……"的独特用法不能被辩护，那么所谓的"看作……"不过就是某种独特的感知，最终说来只不过是传统哲学中所说的"将某个对象归属于某个概念之下"或"某个对象具有某种性质"。这样一来，注意到一个面相无非就是注意到某种相似性。①

在这个问题上，维氏容易引起误解和遭受攻击的说法，主要是下面这段评论：

> 这种解释如何："我可以把某物看作这个，即它可以是其图像的东西"？
>
> 这意味着：面相转变中的诸面相是这样的东西，即某种图形在某些环境中、在一幅图像里可能会一直具有的东西。（PU II xi 166）

一般情况下，我们说一个对象所具有的东西，必定是它的某种性质，而它"一直"具有的东西，就更应该是它的性质了。但在面相观看的情形下，我们把握到的东西显然不能仅仅是一种性质。面相观看不同于感知，后者把握到的是对象的某种性质，比如颜色、形状等（科勒还会说有"组织"）。然而，我们可以给出关于这些性质的各种描述（比如它具有何种颜色、形状、"组织"等等），却不能在同样的意义上描绘一个面相。那么，面相怎么可能是一个图形"一直"具有的东西呢？

实际上，我们这时仍然要考虑"看"的两种用法间的区分。

---

① 当然，他文章的本意并非是要反驳维氏的理论，而是从他自己的角度为"看作……"的独特用法做出辩护。他认为，我们需要一种独立于"看"的"看作……"。这是因为，第一，我可以清楚地看见一个 Φ 而不把它看作一个 Φ。例如，我看见一棵树，但不把它看作一棵树，而是看作一个人。第二，看见某个是 Φ 的东西蕴含了如下这点，即这里存在某个是 Φ 的东西；但把某物看作 Φ 则并不蕴含这一点。

维氏认为，在"看"的第一种用法中，我们所把握到的自然是对象的某种性质；但在"看"的第二种用法中，被把握到的就不是性质。比如，相似性就不是单个对象所具有的性质，而是存在于一些对象之间的关系，这种关系可以是"一幅图像中的某种图形、在某种情形下能够一直具有的"。"面相"可以被把握到，可以被一个对象一直具有，但绝不是某种性质。

上述评论还可以从另一个角度加以理解：我们在面相转变中感知到的东西，既不是某种类似心象的想象的产物，也不是一种幻觉。面相观看以清晰的感知为基础（即观察者看到图画没有发生变化），但又不同于感知（即观察者同时又"看到"它确实发生了变化）。但这种"变化"既不是主体纯粹进行想象（这可以类比为某种心灵的创造）的结果，也不是幻觉，而是把握到这个对象一直具有但之前并未被注意到的某种东西。这种东西可以是它与另一个对象的相似性，但绝不是某种性质。

对相似性的看，显然属于"看"的第二种用法的范畴。但一般而言，"相似性"在日常语言中有着更为广泛的用法，在维氏的术语中，对"相似性"一词的使用也不那么严格。

在给出关于面相的定义时，维氏就使用了相似性的概念，他把注意到两张面孔之间的相似性称为"注意到一个面相"。在日常语言中，我们可以将其他很多体验称作"注意到"，比如听到一段乐曲、闻到某种气味、感到某种氛围等等。① 而注意到两张面孔间的相似性这点，或许与记忆和想象有关。这是它在视觉体验中的独特之处，也是我们之前已经讨论过的。

不过，"相似性"本身的含义并非只有一种。请看如下评论：

> 即使我说"这两张面孔之间有一种相似性"，对我来说这也可能意味着若干不同的事情。例如，这可以意味着：在这种

① 参阅 Liu，*Wittgenstein über das Aspektsehen*，第 36—37 页。

面孔和那种面孔之间存在着一种相似性。这里的两种面孔可以通过描述而被刻画出来。令我感兴趣的可能是这些人的面孔，或是每次我遇到他们时他们的面孔的形状（Gesichtsformen）。

我所想象到的那种区分，自然是如下这两种意义间的区分：一是，这两种线条有相似的形状——二是，这些圆形、椭圆和双曲线彼此相似。（LS I 155／MS 137：93b）

这种区分是外在的（externer）和内在的（interner）相似性的区分。（LS I 156／MS 137：93b）

如果我现在说这两张面孔是相似性，……那么问"你意指的是外在的还是内在的相似性"有意义吗？

"你能够在看似完全不同的形状中注意到某种相似性，这一点是否令你感兴趣？"

"你想说，共同之处究竟在于这些形状，还是在于这些人？"——这有什么区别？——令你感兴趣的是这些形状还是这些人？如果是前者，那么你可以精确地描画出这些形状，学习这些线条的相似性，并完全忘记那些人。由此会产生出一种几何学的、关于线条和形状的讨论。（MS 137：93b）

维氏在这里提到了的"外在"和"内在"的相似性，从字面上看，前者似乎指两种线条外形上的相似，而后者则指圆形、椭圆和双曲线之间的相似。尽管这里谈论的都是各种形状，但在所谓"外在的相似性"中，我们可以把两个相似的东西放在一起加以比较，并通过某种方式（比如加上粗线以表示强调等）加以描述，而在所谓"内在的相似性"中，主要的相似之处并不在于对线条等东西的描绘或刻画。它应当被给予格外的关注。

维氏提到的圆形、椭圆和双曲线之间的相似性，就是"内在的相似性"典型的例子。在解析几何中，圆形、椭圆和双曲线三者具有相似的解析式。这种解析式上的相似性，是内在于三种曲线的定义之中的——只要我们知道了相应的定义，就一定不会错过这种相似性。三者各自的解析式只是在变量的系数上有所差异，例如，只要修改一下相应的系数，就可以把一个圆形的解析式变为一个椭圆的解析式。出于这一点，我们可以说，三种曲线各自的概念中就蕴含了它们之间的相似性。这种相似性也可以被称作概念上的相似性。如果一个人不了解与之相关的概念或知识，那么他绝不可能仅仅通过观察这些曲线的图画，而注意到那种内在的相似性；相反，他至多只能注意到它们在线条形状上的外在的相似性。而且，如果我们想说"我看到了内在的相似性"，那么这里对"看"的使用显然只能是"看"的第二种用法。只不过，在对内在相似性的把握中，思想的成分似乎起了更大的作用。[①]

不过，"外在"和"内在"的相似性之间的区分，有时似乎又是模糊的。比如，在谈论面孔间的相似性时，我们时常并不完全清楚自己谈论的究竟是面孔本身还是面孔的形状；在三种曲线的例子中，一个人似乎也可能在看着它们的图形时，发现某种几何形状上的相似性。但可以肯定的是，内在的相似性只能建立在对概念的熟练掌握的基础之上，一个不具备相应概念能力的人不可能注意到这种相似性，而至多只能注意到外在的相似性。区分二者的标准，主要还是在于对概念的不同掌握。这一点在下一节对"内在关系"的讨论之后会显得更为清楚。

要想进一步澄清"注意到相似性"与"看到一个面相"之间的关系，我们还必须注意如下这点，即这二者都与时间性有关。我们说自己注意到某人和另一个人有相似的面孔，这是在某个时间点上发生的事情，它不可能有一个明确的持续时间。比如，人们不可能说"我在这段时间内注意到 a 和 b 是相似的"。因此，注意到或没有注意到相似性，都是发生在某个时间点的事情。如果一个人错

[①] 尽管如此，这仍然是一种"看"，而非"思想"。参阅本章第二节对"看作"与感知、思想之间关系的讨论。无论外在还是内在的相似性，都是在"看"的第二种意义上被"看到"的，只不过对内在的相似性的"看"或注意，似乎更近似于"思想"。

过了这种相似性，并不意味着他没有认出 a 和 b 各自的性质，而是说他在那个时间点错过了某种东西，或者说他与那个时间点的关系和别人与那个时间点的关系不同。这一点与下一章讨论的"面相盲"问题有直接的关系。

维氏的如下评论告诉我们"注意到相似性"与"看到一个面相"在时间性问题上的差异：

> "我看见，这二者是相似的"可以被用作是时间性（zeitlich）或非时间性的（zeitlos），而这要依据"这二者"是如何被定义的。但我是否由此而每次都看见不同的东西？"我看见"总是时间性的，而"这二者是相似的"则可以是非时间性的。（LS I 152／MS 137：93a）

> 然而在实际的使用中，一个句子究竟是时间性的或非时间性的却总是很明确的。（MS 137：93a）

> "在注意到这种相似性之后，——你有多长时间意识到它呢？"对这个问题人们会如何回答？——"我不久之后就不再想到它了"或者"它总是时不时地出现在我的脑海里"或者"它好几次浮现在我的脑海里：它们是多么相似啊！"或者"我在一分钟之内对这种相似性感到惊讶。"——这似乎就是答案。（PU II xi 240）①

这意味着，在面相观看的情形下，人们所使用的表达式"我把……看作……"也总是时间性的，即我在某个时间点把某个对象看作某物。而在注意到相似性的情形下，人们使用的表达式"……和……是相似的"既可以是时间性的，也可以是非时间性的。也就是说，"我看见……和……是相似性"既可以是时间性的，也可以是非时间性的。例如，在三种曲线的例子中，说"圆

---

① 此外还请参阅 PU II 239—245 的各条评论。

形、椭圆和双曲线是彼此相似的"是非时间性的，它表达的是一种内在的相似性；而说"我看见这些圆形、椭圆和双曲线彼此相似"，则可能仅仅表示观察者注意到某种形状上的、外在的相似性，是时间性的。在实践中，一个人可以毫不费力地说明自己究竟是在哪种意义上使用相似性这个概念的，是说自己在某个时刻之前一直没有注意到二者之间的相似性，还是说自己永远都不会注意到二者间的相似性。但是，在面相观看中，"看作"只能在时间性的情况下被使用，也就是说，观察者在某个时刻之前，一直没有把某个对象看作某物。在此情形下，非时间性的使用被排除在这种体验之外了，而这一点是由面相观看的表达式在本质上决定了的。

151

需要注意的是，在这里，非时间性与时间性的差别，并不等同于"内在"和"外在"的差别。前者是一种表达式使用上的差别，而后者则源自说话者在概念能力和观察方式上的差别。它们是在两个不同角度之下被谈及的。

总而言之，注意到相似性是面相观看问题的外围或曰出发点，它帮助我们在很多概念尚未被澄清的情况下，顺利地进入到对面相问题的讨论之中。有了足够的铺垫后，我们就可以顺理成章地阐明，"面相观看"究竟是怎样一种体验。

第六节 内在关系

尽管对相似性问题的讨论已经进一步地扩展了"面相观看"这种现象在哲学上所涉及的领域，但我们仍然没有能够从正面直接说明，"面相观看"究竟是怎么一回事。为了做到这一点，就必须进一步在理论上深挖，直到能够准确地刻画这种现象。而维氏如下的评论，则给予我们明确的线索——这些评论引起了诸多的争论，却恰恰是解答问题的关键：

视觉印象中的颜色相应于对象的颜色（吸墨纸在我看来

是玫瑰色的，而它就是玫瑰色的）——视觉印象中的形状相应于对象的形状（它在我看来是矩形的，而它就是矩形的）——但是我在面相的闪现中感知到的东西，不是对象的某种性质（Eigenschaft），而是该对象和其他对象之间的一种内在关系。（PU II xi 247）

　　人们通过对面相的注意而感知到一种内在关系，尽管这一点与想象有亲缘关系。（LS I 733/ MS 138：5a）

　　这段话需要从更广阔的角度来理解。性质与关系的话题一直是西方哲学中的热点，在上述评论中，维氏十分明确地提出用"关系"而非"性质"来刻画我们在面相观看中所感知到的东西。在维氏的术语中，性质指对象的颜色、形状等，关系则指不同对象之间的某种联系。而且，这种联系不是"外在"于、而是"内在"于这些对象的。不过，如果我们想当然地认为维氏所说的"内在于两个对象"的意思是：这种关系是这些对象各自的特殊性质，或它们作为一个整体所具有的性质，那么就会陷入传统哲学讨论关系问题的窠臼之中——比如随后会提到的罗素和布拉德雷关于关系问题的争论。

　　那么，什么是维氏所谓的"内在关系"呢？弄清楚了这一点，我们就可以知道他心中对"面相观看"的正面看法究竟是什么。哈尔克梳理了这个问题，在他看来，这种"内在关系"其实有如下三个特征。首先，它是两个事项之间的关系，而不能是三个或更多事项之间的关系；其次，这种关系并不通过第三方作为中介；再次，它存在于一种实践中，而不是存在于心灵或某种抽象介质中——也就是说，它需要在人类的实践中体现出来，而不能通过一种自然科学的方式在神经系统中加以寻找，也不能用一种抽象的形而上学的方式进行思考。① 这三个特征中最为重要的是后两个，它

---

① 参阅 Hark, *Beyond the Inner and the Outer*，第 182—183 页，以及该书第三章第一节。

们使得维氏在这个问题上同其他很多哲学家区别开来。此外，我们从上述三点中可以推导出这样的结论：内在关系中的一方不能独立于另一方而被确定下来，否则它就不是两个事项间的关系，而不得不依赖于第三方的中介。也就是说，在内在关系中，我们不需要引入作为中项的第三个事项来确定这种关系中的相关项。

上述说法或许显得过于抽象。我们可以用哈尔克对鸭兔头的分析为例，来进一步阐明这种关系的特征。哈尔克主张，在鸭兔头的案例中，所谓的"内在关系"可能存在于如下三种成对的事项之间：第一，所谓的真实的"星座"和鸭子或兔子之间；第二，鸭子和兔子之间；第三，面相和鸭子或兔子之间。根据我们在上一段中推导出的结论，第一种可能性是错误的，因为"星座"完全可以独立于鸭子或兔子而被确定，反之亦然。① 第二种也不可能，因为鸭子和兔子是相互排斥的，因而也是相互独立的，我们在知道其中一个出现的情况下就知道另一个不会出现。因此只有第三种选择才是讲得通的，即内在关系是指一个面相与一个对象之间的关系。在这种情形下，另一个对象被排除在感知之外，尽管在某种意义上，它仍然被包含在这幅图画之中。②

尽管哈尔克对"内在关系"三种特征的概括是准确的，但在分析鸭兔头这个例子时，他的一些说法却很成问题。他关于"内在关系"指面相与一个对象间关系的看法，看似符合维氏的意图，但在笔者看来，这是讲不通的，因为这直接违背了内在关系的如下基本特征：它应当存在于"该对象和其他对象之间"。

问题的关键在于，如何准确理解 PU II xi 247 中的最后一句话。

---

① 这一点科勒恐怕不会赞同，因为在他看来对"兔子"或"鸭子"的确定离不开对"星座"的确定。

② 这里可以考虑一下"面相闪现"和"持续出现"的区分。哈尔克认为：在"闪现"中人们表露出一种对于改变的惊呼，在"持续出现"中则感知到某个面相与兔子或鸭子间的内在关系。实际上，即使在"闪现"的情形下，这种惊呼与改变之间的关系也是内在的，这类似于第一人称表达式的情形。因此，在笔者看来，尽管面相闪现和持续出现的情况稍有不同，但人们把握到的都是一种内在关系。

维氏相应的德文原文如下："…aber was ich im Aufleuchten des Aspekts wahrnehme，ist nicht eine Eigenschaft des Objekts，*es ist eine interne Relation zwischen ihm und andern Objekten.*"。其中斜体字部分为笔者所标示，这就是最重要的一个句子。在这个句子里，如果不注意的话，"ihm"的指代关系可能会引起不必要的误解。如果认为它指代的是之前的"Aspekt"一词，那么哈尔克的论点就符合这段话的字面意思，因为最后一句话应被理解为"是面相和其他对象之间的一种内在关系"。但是，从语法上分析，"ihm"指的只能是前一个单词"Objekt"，而不可能更前方的单词"Aspekt"；如果想指代"Aspekt"这个词的话，应使用代词"disem"。这样一来，最后一句话就应当按照笔者翻译的那样来加以理解，即"是该对象和其他对象之间的一种内在关系"。

可见，内在关系指的并不是一个面相与一个对象间的关系，而是一个对象与其他诸多对象间的关系。这里的"其他对象"（andern Objekten）应当指复数的鸭子或兔子。这样一来，此处的"内在关系"就应当指作为对象的那幅有歧义的图画与诸多鸭子或诸多兔子之间的关系。这种关系不是该图画自身的一种性质（Eigenschaft），而是被语法建立起来的、该图画与其他对象之间的关系。由于这种关系是被语法建立起来的，而不是偶然存在的，因而被维氏称为是"内在的"（interne）。

此外，为了讨论的严谨，维氏并没有直接说"面相本身是一种内在关系"，而说"对面相的感知是一种对内在关系的感知"。如果断言"面相本身就是一种内在关系"，那么似乎与直觉相违背，因为我们很难把面相直接等同于某种关系。不过，说"对面相的感知是一种对内在关系的感知"就巧妙得多，因为此时被谈论的是对面相的感知，而非面相本身。"对面相的感知是一种对内在关系的感知"与"面相是一种内在关系"这两条表达式之间是有差别的——后者很难讲得通，但前者则准确地传达了维氏的本意。

更具体地说，作为对象的那幅有歧义的图画（既能够被看作兔子，也能够被看作鸭子）也是一个对象，可以被称为一个"图画—对象"。该对象与其他一些对象处于某种内在关系之中。在感知到鸭兔头的某个面相的时候，我们感知的到是鸭兔头这个对象（"图画—对象"）与兔子或鸭子的内在关系。① 这种内在关系仿佛一个开关那样，当它指向"兔子"那一边时，鸭兔头这个对象与兔子之间的内在关系就被感知到了，即观察者感知到了一个兔子面相；在指向"鸭子"那一边时，被感知到的则是鸭子的面相。请参阅下图：

155

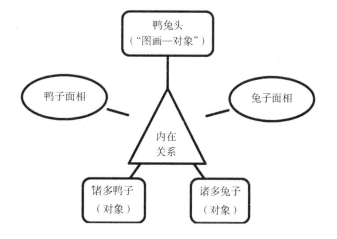

图中的方形表示对象，三角形表示关系，而椭圆形表示面相。其中"诸多鸭子"和"诸多兔子"，表示这里使用的是复数而非单数。这种解释完全不违背哈尔克所说的内在关系的三个特征，也更为符合 PU II xi 247 中最后一句话的意思。

---

① 当然，这里又出现了一个比较棘手的问题：此处的"兔子"或"鸭子"究竟是怎样一种对象？显然它们不可能指抽象的共相。比较合理的方案是，把它们解释为视觉对象，而这同时就意味着，"想象"在其中起着不可忽视的作用。因为，如果没有"想象"的参与，我们就无法将图画—对象与作为视觉对象的兔子或鸭子联系在一起，因为后者本身并不存在于视野之中，是需要被唤起的。这体现了"想象"在面相观看中所扮演的角色。

无论"内在关系"还是"相似性",都是不同对象间的关系,与"性质"相区别。而除了"关系"与"性质"之间的区别之外,"外在"与"内在"之间的区别,也在面相观看中扮演了重要的角色。与"内在关系"相比,"外在关系"在维氏整个手稿中出现的次数都是很有限的。可见,尽管是两个相对而言的概念,但维氏关注的重点显然是在"内在关系"上。不过,单凭 PU II xi 247 这一处评论,我们还无法准确理解"内在关系"这个概念的含义。而且,还有其他一些问题困扰着我们:既然内在关系是存在于两个事项之间的,那么这两个事项究竟是什么?既然不能有另一个事项作为中介,那我们该如何确定内在关系中的相关项?既然这种关系要在实践中去把握,那么有什么标准可以帮助我们来确定它?"内在关系"在维特根斯坦的后期哲学中扮演着怎样的角色?他提出这个概念的动机和意图是什么?对这些问题的回答,要求我们沿着这个概念继续深挖下去。可以说,我们已经来到一系列新问题的门槛前。

第七节　心理学哲学中的内在关系

内在关系概念在不同语境中的含义是比较丰富的。比如,在更为人熟知的遵守规则问题上,维氏提出,规则及其遵守之间的关系就是一种内在关系。这种"内在关系"似乎与我们所讨论的面相观看中被把握到的"内在关系"有所不同。在遵守规则问题上,相关的两个事项是规则和遵守(一种实践行动);而在面相观看问题上,相关的两个事项则是两个对象(鸭兔头和兔子/鸭子)。可见,维氏使用这个概念的语境是比较复杂的,因此,我们对这个问题的回答一定要格外小心;"内在关系"在他后期哲学中的意义或用法,是一以贯之的吗?

这的确并不是一个容易回答的问题。我们将它拆解为两个部分来解答。在本节我们将研究第一个部分,即在维氏的"心理学哲学"中，"内在关系"的意义和作用究竟是什么。在下一节，我们将研究第二个部分，即在整个维氏后期哲学中，在传统的关于"关系"问题讨论的背景下，他的"内在关系"有怎样的特征。在解答完这两个部分的问题后，我们对这个概念应当会有一种更为全面的理解。

在开始深入具体问题之前，首先还要澄清如下两个要点。第一，"内在关系"的存在，并不排斥其他外在关系或因果关系的存在。比如，在面相观看问题中，我们完全可以设想在观察者的神经系统内存在某些由图画—对象产生的因果作用。第二，这种关系本身与其建立过程是两回事，它的建立是我们一系列活动和体验的前提条件，而非这些活动和体验本身。在最后一章中，我们将会讨论这种关系的建立过程，以及上述种种体验的前提条件的建立过程。

从内在关系的角度理解包括面相闪现在内的心理学哲学问题，或使用"内在关系"来解决传统哲学问题中难以克服的难题，这种思路充斥在他整个后期哲学中。让我们从第一个要点开始，进入对心理学哲学中"内在关系"概念的讨论。

既然内在关系并不排斥因果作用的存在，那么在经过之前的讨论后，有人或许自然会提出这样一种新的问题。我们以对鸭兔头面相的感知为例。根据维氏的看法，一个人对"兔子"和"鸭子"概念的掌握，是他感知到相应面相的前提条件。那么，我们是否有可能通过某种手段，让他在没有学习过相关概念的情况下，"看见"兔子头或鸭子头呢？例如，可能有这样一种实验：对一个从未见过兔子或学习过兔子概念的人，我们通过神经科学手段给予他的大脑的某一特定区域某种刺激，然后他就可以惊呼："一只兔子头！"或者，我们给他吃下一颗药丸，然后他惊呼一声："兔子！"

这种实验看起来非常诱人，而且随着自然科学的突飞猛进，似乎显得越来越触手可及。但是，根据后期维特根斯坦的心理学哲学理论，类似的实验不可能达到人们预期的效果，因为，它建基于一种深层次的语言混淆。

在上述实验中，我们假定了这样的前提：人类的感知及表达是一种以因果机制为基础的生理过程，它最终可以还原为一系列在因果机制中相互关联的生理活动，比如神经系统中的各种活动或反应。据此推论，人类的学习过程实际上也是这样一种以因果机制为基础的过程。一些神经元之类的东西受到相应的刺激发生了改变，这时，人们就"学会"了某件事情或"理解"了某个概念。

然而，在维氏看来，学习在本质上属于一种遵守规则的活动，或者说，是一种对规则的习得的过程。这意味着，我们必须将因果关系这样一种"外在"关系同维氏所谓的"内在关系"区别开来。因果关系不符合"内在关系"的基本特征，它并非存在于两个事项之间，而总是需要另外的事项作为中介，而且对其中相关项的把握也并不必然是联系在一起的。例如，如果我通过刺激试验中被试者的大脑（我们将这个刺激称为 A）而让他做出某个动作 B，那么刺激 A 和动作 B 之间的关系就是一种因果关系。在此情形下，我们对 A 的把握和对 B 的把握需要相应的因果关系概念才能联系在一起；换言之，它们之间的联系不是概念上的或语法上的。那么，维氏所说的"内在关系"，在心理学哲学领域的具体含义是什么呢？我们可以看看下面这样一个例子。

维氏在如下评论中讲述了医生与护士的一番对话。

> 一名医生问道："他感觉如何？"护士回答说："他在呻吟。"一种对他行为的报告。但对这两人来说，是否一定有如下这样的问题存在：这种呻吟是否是真实的，这真的是对什么东西的表达吗？例如，他们是否可能得不出这样的结论："如果他呻吟的话，那么我们必须再给他一片止痛药"——如果并不隐藏一个中间项的话？问题难道不就在于，他们要这种对行为的描述起何种作用吗？（PU II v 30）

这是医院中再常见不过的一种场景。一个人发出的呻吟和疼痛之间的关系就是内在的。这其中，当然会有神经系统的过程参与其中，但这并不是构成那种关系的关键因素。我们将呻吟称为 A'，将疼痛称为 B'。那么，A' 和 B' 之间是不需要中介的，如果我们把握到了 A'，也就意味着我们把握到了 B'。这里的 A' 与 B' 是被语法必然地联系在一起的：我们的语法决定了呻吟总是伴随着疼痛，决定了呻吟是对疼痛的自然的表达。而在上述关于 A 和 B 的案例中，把握到了 A 并不意味着就把握到了 B——它们并不是必然联系在一起的。

这里所说的"必然"，并不是指逻辑上的必然性，而是语法上的必然性。人们在疼痛时，其自然的表达是呻吟，这一点的反面在逻辑上显然是可能的——比如在某个可能世界中，人们在疼痛时会自然地发出笑声。但是，对一个掌握了人类语言的称职说话者而言，语法则把其他可能性——例如在疼痛时发出笑声——排除在外。可见，"内在关系"与"外在关系"的区分，是就人类的语法来说的，而不是就逻辑上的必然性来说的。

不过，另一个问题在于，这种呻吟是否真的是关于某种东西（比如疼痛）的表达？一般情况下，在护士回答"他在呻吟"之后，医生很自然地便会做出给予病人止疼药的决定。但是，他们在这里似乎做出了如下的预设：那个病人并没有在假装。这似乎便是医生做出上述决定所依赖的"中项"。那么，我们是否可能抛开这个中项而做出决定？如果这个中项必须存在的话，那个病人的疼痛与呻吟间的关系，岂不又变成一种外在关系了吗？

实际上，在维氏看来，上述中项的存在，预设了怀疑的可能性的存在。但是，怀疑却总是有终点的。在这场对话中，医生和护士的当即反应都说明了，在他们看来，躺在床上的毫无疑问是一个正常的人类。在这种语境下，对于这个正在呻吟的病人来说，他的呻吟和疼痛是内在地联系在一起的，而不是通过某个作为中项的假设而连接在一起的。当这种内在关系在一定语境中被建立起来时，不必要的怀疑就已经被排除在外了。这样一来，那个中项也就不会再起作用了。

然而，假装是日常生活中一种非常常见的情形，很多时候人们都会假装做某事。那么，我们应当如何理解这种情况呢？

在维氏看来，假装实际上不过是一种特殊的语言游戏，与那些我们默认地接受了对方没有在假装的正常的语言游戏有所不同。在正常的语言游戏中，人们把做出行为的某个人的"内"（比如疼痛这样的"内部状态"）与"外"（比如呻吟这样的外部表达）看作一体，而不去怀疑"内"与"外"之间可能存在着某种不符。在这种情况下，怀疑二者之间的不一致是没有意义的，因为这种怀疑的正当性已经被相应的语言游戏排除在外了。而在关于假装的语言游戏中，怀疑的可能性出现了，此时，我们需要确证一个对象的行为表现与其内部状态之间是否一致。在这种语境中，怀疑变得有意义了。因此，具体的语境帮助我们确定被谈及的究竟是哪一种语言游戏。而且，做到这一点在实践中往往并不困难。

这似乎是一种很平庸的观点，一个正常人或许不会觉得它有什么新奇之处。把这种观点加以系统化，似乎会导致行为主义的结论。但是，维氏是否在这种意义上是一个行为主义者呢？

诚然，维氏在后期哲学中的一些说法，使得后人们经常把他理解为一个持有某种更精致学说的行为主义者。但他的核心观点却远比行为主义要复杂得多。事实上，维氏所要反对的是这样一种观点：人的内部状态是他所做出的行为的基础，而内部状态与外部行为之间是一种因果关系；因此，当一个人进行假装的时候，他与正常人相比正是缺少了某种内部状态。在维氏看来，正确的理解应当是这样的：人的内部状态并非其外部行为的基础，亦非其原因。在一般的语言游戏中，我们不会怀疑人的外部行为是其内部状态的体现或表达；此时，"内"与"外"是内在地关联在一起的。而在某些特殊的情形下（比如有人在假装疼痛），我们又会怀疑这一点；但这不是因为人们缺少了某种内部状态，而是因为他在外部行为上进行了伪装。用哈尔克的话说就是，"假装"并不是把"内"隐藏起来了，而是把"外"隐藏起来了。① 也就是说，一个人之所以在假装，并不在于他缺少某种内部状态，而是在于他添加或隐藏了某种外部行为。

那么，维氏有什么理由去断言，在正常的语言游戏中，人们没有根据去进行怀疑呢？

维氏看重的是人们在面临某些特定的情形时，一种当即的、不假思索的反应，这种反应其实不需要任何的理由和辩护。在相应的语境下，人们往往非常清楚究竟该怎么做。是人们所要求的那些辩护的理由预设了这种不假思索的反应，而不是这种反应预设了那些理由。在正常情况下，我们认为一个人是有某种"内部状态"的，而且这种状态与他的外部行为内在相关。这种将他人当作是有"内部"的态度，属于一种基础性的语言游戏，它不是某种需要中项来进行推导的结论。"内"和"外"是不可分地、内在地联系在一起的，这是人们进行正常的语言游戏的前提。如果我们否认这种内在关系，那么实际上就是在否认一种语言游戏的构成性规则，而这恰恰意味着我们在进行另一种语言游戏（比如假装）。人们在面对某些情形时暗中采取的态度或不假思索的反应，体现了他们对于这种"内在关系"的确信，以及对他人"内部状态"存在的确信——也就是说，他们相信那个人并没有在假装。此时，人们无需给对假装的怀疑留出空间。如果这种怀疑有存在的理由，那么人们就进入到另一种独特的语言游戏中。②

除了用"内在关系"的方法分析人们的内部状态和外部行为之间的关系，维氏还在此基础上讨论了其他很多与心理学哲学有关的现象或体验。很多在生活中或在哲学讨论中容易被混为一谈的情况，都被维氏小心翼翼地加以区分。我们可以来看看两个例子。

---

① 参阅 Hark，*Beyond the Inner and the Outer*，第 144 页。
② 同上书，参阅第 138—139 页。

161

第一个例子是关于面部状态的。在他看来，就不同的面部状态而言，有的情况属于外在关系的范围，有的则属于内在关系。例如，"热"和"红脸颊"的关系是外在的，因为人们需要依据相应的经验来推断出如下事情："红脸颊"表明这个人很"热"。而一张沮丧的脸和沮丧的感觉之间的关系则是内在的，因为"沮丧"这个词的意义就包含了我们在一张沮丧的脸中可以领会到的东西。一个知道"沮丧"为何意的正常人不会认不出一张沮丧的脸，但一个知道"热"和"红脸颊"为何意的正常人，却不一定将这两个事项联系在一起——它们并没有被语法内在地联系起来。①

第二个例子是关于"欲望"及其对象的。在《哲学研究》第440节中，维氏评论说："说'我很想要一个苹果'并非意味着：我相信，一个苹果将会终止我的未得到满足的感受。后一个命题绝不是愿望的表露，而是未得到满足的表露。"欲望与其满足之间的关系就应当是内在的，否则就会出现维氏假设的那种荒诞情形：我想吃苹果，而一个人在我的胃上打孔，然后将我的"食欲"取了出来，那么这个打孔器就是我最初想要的东西。这表明，欲望及其对象之间的关系也是内在的，我们不可能独立于欲望的对象之外而确定这个欲望是什么。即使这个欲望可以通过一些其他手段被消除，这也充其量只是另一种满足。

可见，在心理学哲学的领域内，"内在关系"的方法可以帮助我们理解很多现象或体验。很多事项之间的关系是在语法中被建立起来的，我们在其他领域内（比如因果关系的领域）找不到它们被内在地联系在一起的根据，进而会陷入引入中间项所带来的一系列困难。在理解很多关系时，中间项的引入都可能会导致无穷后退，因为我们又必须引入其他的中间项来说明这个中间项和之前的相关项之间的关系。科勒提出的对"组织改变"的解释，实际上就陷入了"内部图画"这个成问题的概念。"内部图画"要么无法

---

① 参阅 Hark, *Beyond the Inner and the Outer*，第 143 页。

说明两个组织之间究竟有什么差别，要么就需要进一步引入其他的"内部图画"而导致无穷倒退。此外，人们在"他人之心"等问题上的怀疑论立场，实际上也是从外在关系角度看待人的内部状态与外部行为之间关系的结果。怀疑论者总是以为自己的怀疑有存在的理由，因而可以无限制地进行下去。但从"内在关系"的角度看，在某些语言游戏中，怀疑的理由已经在暗中被排除了。我们的语法和相应的语境已经确定了在这些游戏中是否有怀疑存在的空间。实际上，很多类似的怀疑在游戏开始前就已经被中止了。怀疑论者的错误在于把两种不同的语言游戏（比如关于"假装"的语言游戏和正常的语言游戏）混淆在了一起，因而他们的怀疑只能是胡说。

163

到这里，我们有必要再来回顾一下在本章第三节中提到关于的"贴切的"词的问题，看看"内在关系"在面相观看中所扮演的角色。

维氏曾说过，"对一个面相而言常常有一个'贴切的'词存在"。为什么会有这样一个语词存在呢？又究竟是什么东西决定了哪个语词才是"贴切的"呢？对这两个问题的回答，体现了维氏从"内在关系"视角看待面相观看的基本思路。决定了"贴切的"词的东西，并不是人们对相关图画性质的把握，而是对该图画与其他对象间内在关系的把握。在一定的语境当中，对一个称职的、正常的人来说，各种不同的条件——包括说话者掌握语词的情况、交谈的目的等等——已经将那些"不贴切的"语词排除在外了。尽管有些时候，人们可能会在究竟哪个语词更合适的问题上产生分歧，或最终选取了不止一个语词来谈论那个面相，但这些问题都可以在相应的语境中得到比较清晰的界定。也就是说，相应的争论和怀疑不会无限制地进行下去。"贴切的"语词的存在，恰恰反映了存在于对象之间的某种内在关系。当一个人不假思索地选取一个语词（比如"兔子"、"鸭子"或"黑十字"、"白十字"）来指示所看到的面相时，他就把握到了这种内在关系。构成这种内在关系的决定性因素只能是语法，而不是某种神经系统活动或某种感知。所以从根本上说，是语法确定了那个"贴切的"词。

第八节 对内在关系的进一步探究

与维氏主张的内在关系的方案不同，我们在导论第二节中所提到的罗素和奥格登＆理查德斯的"心理意义论"，最终说来是通过外在关系来解释与心理学哲学相关的一些问题的。这种外在关系可能有两种含义：要么是指人们需要诉诸的因果性（比如，认为规则和遵守之间是原因和结果的关系，而面相的改变和对对象的感知之间也是因果关系）；要么是指人们需要诉诸的某种内部对象（比如"内部的声音"或"感觉组织"）。但是，如我们已经指出的那样，因果关系是一种经验性的关系，完全无法解释上述这些现象；而内部对象实际上会陷入无穷倒退的困境。因此，最好的选择就是在这些问题上采取维氏主张的内在关系立场。

如果认为内在关系只是维氏用来解决身心关系或曰"外"与"内"关系的方法的话，那么其重要性就会大打折扣。纵观整部《哲学研究》，对内在关系的讨论实则是充斥其中的，例如在关于遵守规则的讨论之中，规则及其遵守之间的关系就是内在的。内在关系与人的各种活动息息相关，这一点还体现在人类的学习过程中。

严格来说，由于内在关系的两个相关项不能独立于对方而被确定，人们一般在日常语言中不会经常使用表达内在关系的命题。实际上，那些表达内在关系的命题恰恰是我们进行其他言说的基础。这一点可以延伸到语言内部诸多概念之间的相互关系上。还是以呻吟和疼痛为例。事实上，我们不可能独立于"呻吟"来理解"疼痛"的含义，或者说，一个人不可能理解了"呻吟"却没有理解"疼痛"，反之亦然。这与我们在学习诸如"房屋"、"桌子"等概念的定义时的情况是不一样的。但是，在对儿童进行教学的时候，我们却必须向儿童说明，"呻吟"和"疼痛"分别是什么意思。这是如何做到的呢？

儿童学习语言的过程，其实就是学习和掌握各种内在关系的过程。在教学的过程中，成年人会借助各种手势、表情、实例、事物和表达式来告诉儿童一个语词的意义究竟是什么。孩子们必须遵照大人们给出的指示来进行行动，以理解一个词的含义。这个过程就是学习和理解一条规则的过程，而对相关表达式的使用则是一种遵守规则的过程。

在人们进行某种遵守规则的活动时，并不需要将所有的行动全部实现出来；相反，他们只需要知道该如何继续下去即可。也就是说，"一个命令与其执行之间的关系也是一种语法上得到规定的内在关系：命令'做某某行动！' ＝经由某某行动而得到执行的那个命令"①。人们是被"强迫"遵守规则的，但这种"强迫"既不能由某种"内在的声音"来引导，也不能被归于某种因果性。如我们所说的那样，从根本上讲，这种规则与遵守间的关系是一种语法关系，是在语法中被构建起来的。它被构建起来的前提是人们能够达成某种一致，而这种一致只能在共同体中达成，并且只有在实践中才能实现。既然这种关系从根本上说是一种语法关系，那么"一条规则的意义就在于告诉人们应当以如此这般的方式行动，或者说以如此这般的方式行动构成了其遵守这点构成了其意义"②。也正因为如此，人们对语词的理解与对语词的使用也是不可分离的。这就是维氏提出"意义就是用法"的根据之一。

概言之，人类的语言对我们对世界的认知有构成性的作用。这就是我们在导论中所阐述过的维氏后期哲学的基本看法：心灵与世界间的关系是在语言中构建起来的。一个断言两个对象间存在内在关系的句子，不是在描述这两个对象，而是在构造概念。（参阅LFM 73）此外，在维氏看来，即便对数学这样特殊的领域而言，

① 韩林合：《维特根斯坦〈哲学研究〉解读》，第 260 页。
② 同上书，第 1183 页。

情况也同样如此。在数学中，数学证明建立起概念间的内在关系，并帮助我们确定概念的同一性——这是它与科学实验不同的地方。也正由于这一点，数学证明也"创造"本质，它通过确证内在关系而扩展了数字的语法。所以，数学家是发明者，而非发现者。①就语言学习来说，对内在关系的学习就是掌握和理解概念的过程，是学会使用概念的过程。

还是让我们回到鸭兔头这个典型的例子，来看看内在关系在这其中的含义。一种对面相的感知，不可能独立于观察者的语言能力。一个人对"鸭子"或"兔子"概念的掌握，内在地决定了他能否感知到鸭兔头面相的闪现。②对一个面相而言，我们不可能独立于相应的概念或语言工具而对其进行感知。而在另外一些感知体验中——比如科勒提到的一些"组织改变"的情况——并不存在那个"贴切的"词来描述我们感知到的东西。我们所感知到的不是由语言中的工具所建立起来的内在关系，而只能是一种外在关系。比如，它可能是某种因联想而产生的视觉上的相似性——这种感知现象并不能算作"面相观看"。所以，我们可以得出结论说，很多心理学家讨论的实验——比如科勒讨论的一些格式塔心理学的实验——其实并不属于维氏界定的"面相观看"的领域。

不过，如果据此把内在关系狭隘地理解为一种联系两个项的纽带，那也是不准确的。实际上，由于我们的语言是一个巨大的网络，所有的概念都处于与其他事项的复杂关联中。所以，维氏所说的内在关系，实际上就是我们的概念体系的"粘合剂"。它使得我

---

① 参阅 Hacker, *Wittgenstein: rules, grammar, and necessity*，第 5 页。

② 这里仍然需要强调的是，维氏从来不否认在面相闪现或面相转变的过程中伴随着各种内部神经系统的过程，也从来不否认这些过程对于面相观看的重要性。比如，我们完全可以设想在观察者的神经系统内存在某些由图画产生的刺激。但问题在于，作为一个哲学家，维氏真正关心的是：面相观看这种体验所需要的前提条件究竟是什么。至于其中的生理过程，则是科学家、尤其是心理学家所关心的。但是，如果心理学家认为，面相观看的过程不过就是一系列神经生理过程的体现，可以通过某种完全因果性的手段来实现，那么就陷入了维氏所批评的那种错误观点。

们的语言成为一个结构紧致的体系，我们不可能脱离这个体系来认识世界或进行思考，甚至不可能脱离它来进行合理的活动。（参阅PU 569）人类学习语言的过程，在某种意义上就是学习各种内在关系的过程。此外，尽管对儿童来说这是"强迫"的，但对人类共同体而言，这却是一种对世界本质的"创造"。

在我们大致弄清楚了什么是维特根斯坦所说的内在关系之后，就会发现这样一件奇怪的事情：与关于关系问题的传统讨论相比，维氏所说的这种"内在关系"恐怕很难说是一种真正的"关系"。必须要注意的是，与其他哲学家使用"关系"或"内在关系"的方式相比，维氏对"内在关系"的使用是非常独特的。以传统关于关系的讨论为标准来看，维氏的"内在关系"至少是十分特殊的。在这里，我们可以用罗素和布拉德雷的理论做为对比。

在哲学史上，罗素与布拉德雷关于"关系"究竟是何物的问题进行了十分激烈的争论。在这一点上，罗素曾坚定地批评过所谓"内在关系"理论。在他看来，布拉德雷、莱布尼茨等哲学家持有的观点可被称作"内在关系"说，他们持有一种被称作"内在关系公理"的观点，该观点的基本主张是："每一关系以其关联项的性质为基础（Every relation is grounded in the natures of the related terms），表现为关系或者可以还原为其关联项（related terms）或者关联部分的性质，或者可以还原为其全体（the whole）或总体的性质，或者项之间若相互关联需以项的性质为基础。"[①] 其具体的代表性理论有"单子论的还原"（由莱布尼茨提出）和"一元论的还原"（由布拉德雷提出）。"单子论的还原"的基本主张是：关系命题最终可以还原为主谓命题，关系内在于关联项之中，最终可以被还原为关联项的性质。例如，对于关系命题 aRb 而言，我们可以

[①]　关于罗素对内在关系理论的具体反驳及其论证，参阅北京大学臧勇 2011 年的博士论文《罗素与布拉德雷关于关系的争论》的第三章《罗素的关系理论》。本段和下一段中的引文均转引自上述章节相应的译文。

167

将其还原为两个主谓命题 P1a 和 P2b。"一元论的还原"的基本主张是：关系内在于全体之中，关系最终是全体的性质。例如，关系命题 aRb 可以被还原为作为全体的（a，b）的性质 R。

罗素本人的基本主张，则被他自己标榜为"外在关系说"，即关系不可以还原为内容的同一或差异。这种主张的要点有二：第一，"关系不暗含关联项中任何相应的复杂性"；第二，"任一给定实体都是许多不同复合物中的成分"。这种学说的核心则是，"关系命题不能还原为一个或多个主谓命题"。在罗素看来，关系可分为四种：对称关系、相互关系、传递关系和一元关系。无论哪种关系都不能被简单地还原为关于其中相关项的事实。相关项具有某个关系这种事实，并不意味着这些相关项有某种独特的内在性质，而不具备这种关系的项就不具备相应的性质。

把罗素与布拉德雷的争论同维氏的评论相比较，我们就会发现，尽管罗素等人将关系分作不同种类并加以详细讨论，但他们都没有考虑到具体语境对判断一种关系究竟是外在还是内在的影响。而维氏则恰恰认为，我们必须根据语境来确定一种关系究竟是内在关系还是外在关系。下述两个例子可以帮助我们理解这一点。

第一个例子，让我们假设这样的场景：两个观察者（甲和乙）面前有两条线段，一个长度为 2 厘米（记作线段 A），另一个长度为 3 厘米（记作线段 B）。现在观察者甲把 A 和 B 放在一起加以比较，然后报告自己的发现："A 比 B 短。"而观察者乙在知道两个线段长度的情况下，说"A 比 B 短，因为 2 小于 3。"同样都是"……比……短"这个关系，但在维氏看来，甲把握到的就是一种外在关系，因为他依据的是经验观察，而乙把握到的则是一种内在关系，因为他依据的是数学。[①]

第二个例子是我们之前已经提到过的关于圆形、椭圆和双曲线

---

① 笔者所举的这个例子受到了刘畅老师的启发，感谢他对这个问题所做的讨论。请参阅他的论文《理解心灵》，尤其是第 33 页的脚注。

的例子。在解析几何中，圆形、椭圆和双曲线三者具有相似的解析式。这种相似性内在于三种曲线的定义之中，而非外在于它们。三者各自的解析式只是在变量的系数上有所差异，因此，它们各自的概念中就蕴含了它们之间的相似性——这种相似性也可以被称作概念上的相似性。如果一个人不了解与之相关的概念或知识，那么他绝不可能仅仅通过观察这些曲线的图画而注意到内在的相似性，而至多只能注意到外在的相似性。

这样一种原则——即依据观察者不同的概念能力以及不同的语境来确定一个关系究竟是不是内在关系——使得维氏同其他试图一般性地断言关系是外在还是内在的哲学家区别开来。他讨论问题的角度与其他哲学家非常不同，这也使得他所说的"内在关系"似乎不像是一种真正的"关系"。

与内在关系相比，维氏关于"外在关系"的评论更为散乱，而且这显然不是他关注的重点。维氏并没有给出关于外在关系的准确定义，只是在与内在关系对比时才谈到它。不过如我们已经说过的那样，一般而言的因果关系，在他看来显然是一种外在关系。因果关系不是由语法构造起来的，而是依赖于相应的经验，而单纯的因果作用不可能让人们理解某个概念或学会如何使用它。

根据以上所有这些讨论，我们可以从如下几个方面来总结维氏所坚持的"内在关系"学说的核心信条。首先，内在关系本质上就是一种语法关系，是在语言中被构建起来的。其次，对概念的学习内在地决定了我们是如何使用一个概念的，因而，学习的过程也就可以说是人们理解和掌握各种内在关系的过程。再次，这种过程对于人类个体来说可能是"强迫性的"，但对于人类共同体来说则是具有创造性的；可以说，是人类的语言（甚至包括数学）创造了世界的本质。最后，人类语言的语法是一种最强力的"粘合剂"，它使得关于语言的各种事项被构建成一个巨大的网络；我们对世界的认知，甚至于我们的各种活动（例如遵守规则的活动），都是离不开这个网络的。

附论 《逻辑哲学论》中关于面相问题的讨论

与我们在第二章和第三章提到的看法不同，维特根斯坦在《逻辑哲学论》中对类似的问题给出了非常不同的解答。在序号为5.5423的评论中，维氏引入了内克尔立方体作为谈论的对象：

> 感知一个复合物就意味着感知其构成成分是以如此这般的方式彼此关联在一起的。
>
> 这点当然也解释了如下事实：人们可以以两种方式将下面这个图形看成立方体；以及所有类似的现象。

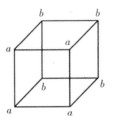

> 因为我们实际上恰恰看到了两个不同的事实。
>
> （如果我首先看到的是诸 a 角，而只是快速地看了一下诸 b 角，那么出现在前面的将是诸 a；反之，出现在前面的将是诸 b）（TLP 5.5423）①

这是《逻辑哲学论》中唯一直接涉及到类似面相观看问题的评论，在其中，维氏给出一个充满自信而又极为简单的解释。然而，这一看似简单的解释却有着十分复杂的理论背景，这种背景主要与两个概念有关：一是事实，二是复合物（Komplex）。

在上述引文中，"两个不同的事实"中的"事实"一词，其德

---

① 本书中关于《逻辑哲学论》的译文均引自商务印书馆 2013 年版《逻辑哲学论》。

文是"Tatsachen"，单数为"Tatsache"，是《逻辑哲学论》中的重要概念。在《逻辑哲学论》中，维氏提出了对世界的基本看法："世界是事实而非物的总和"（TLP 1.1），"世界分解成诸事实"。（TLP 1.2）这种观点实际上是在批判人们常常持有的如下成见：世界是一个由物质或事物组成的最大的集合，比如宇宙就是由所有的星体组成的最大的集合，而日常所说的世界（地球）则是由地球上所有的物质或事物组成的。这样的观点看似无可厚非，也符合现代的自然科学，但却完全不能令哲学家满足。当以哲学的方式谈论世界时，我们希望谈论的是世界及其成分的各种性质，简单地罗列事物并不能达到这种目的。①

171

　　维特根斯坦则从另一个角度来定义世界，他认为，"逻辑空间中的事实是世界"。（TLP 1.13）逻辑划分出可能和不可能的界限，所有的逻辑上的可能性构成逻辑空间；而逻辑上的不可能性被排除在这之外。（严格来讲，这里的"内""外"都只是比喻性的用法，"逻辑空间"也是借用了"几何空间"的说法，参阅 TLP 3.4—3.411。）在逻辑空间之中，事态可能成立或不成立，所有存在的事态组成了我们的现实世界。事态则又由基本事态或基本事实组成。基本事态或基本事实则最终由对象的排布组成，对象是绝对简单的。这样，我们就建立起一套"对象—基本事态—事态—世界（实现出来的事态）/逻辑空间（所有可能的事态）"的体系。而所谓事实，就是基本事态的成立或不成立。（参阅 TLP 2）

　　"Komplex"这一概念，与维氏关于对象简单性的界定息息相关。为了从形而上学的角度阐明世界的存在，基本事态显然还不够，维氏需要诉诸更为基本的、绝对简单的东西，那就是"对象"。严格说来，对象是永恒存在的，因此也就无所谓存在或不存在，它们是存在或不存在的基础。对象的简单性不仅是形而上学上

---

　　①　罗素等哲学家就持有类似"世界是事物的总和"这样的观点，但罗素后来放弃了这样的说法。参阅韩林合：《维特根斯坦〈哲学研究〉解读》，第33—36页。

的需要，也是语义学上的需要——如果没有绝对简单的对象存在，那么命题的意义便失去了基础，最终陷入一种无穷倒退的窘境。①尽管维氏无法在《逻辑哲学论》中给出哪怕一个关于简单对象的例子，但他还是坚持认为它们是存在的，因为这是一种逻辑上的要求。②

维氏在两种意义上使用"Komplex"一词：一是"作为诸对象的特定方式的结合或配置的基本事态和作为诸基本事态的特定方式的排列的事态"，它对应着"逻辑复合性"；二是物理或化学上的复合物，它对应着"空间复合性"。前者可译作"复合体"，后者则可译作"复合物"。③由于我们对于对象的分析是绝对简单的，因此对象在空间上也是绝对简单的。这样一来，维氏就经常断言逻辑复合性与空间复合性有时是一样的。④

在上述引文中我们很容易看出，维氏在一个比较模糊的意义上使用了"Komplex"一词。在5.5423中他实际上断言，一个复合物的组成部分的排布本身就是一个事实。在该立方体中，其组成部分之间有两种不同的排布方式，因而也就有两个不同的复合物存在，进而也就有两个不同的事实存在。我们对这个立方体的观看，实际上就是对其组成部分的排布方式的观看，因而也就是对相应的事实的把握。这两个事实显然都不是基本事态，因为我们从其中一

---

① 参阅韩林合：《维特根斯坦〈哲学研究〉解读》，第67页。

② 当然，在30年代后维氏逐渐认识到自己前期理论中的问题，并最终放弃了前期的整个框架。在《哲学研究》中，命题的意义已经不需要依赖于某种绝对简单的实体，而是在于其使用。在对前后期的维特根斯坦哲学进行比较研究的时候，不宜将相类似的概念直接进行对比，因为他讨论问题的基本框架发生了根本性的变化。当然，这也并不意味着我们应当倒向另一个极端，即认为他的前后期哲学是割裂的、无关的。关于维氏各个时期哲学的复杂关系，请参阅《维特根斯坦〈哲学研究〉解读·结束语》。

③ 参阅韩林合：《维特根斯坦〈哲学研究〉解读》，第71页。

④ 同样，维氏认为逻辑上分析出来的对象，同绝对简单的物实际上是一回事。但由于他主要从哲学的角度考虑问题，所以并不关心如何实际地找出这些对象或物。这与他有时将两种复合性等同看待是相一致的。但是，这种观点又是不融贯的，以至于维氏在其他一些地方质疑两种复合性之间的关系，甚至质疑绝对简单的对象的存在。参阅《维特根斯坦〈哲学研究〉解读》，第73—74页。

个的成立能够推导出另一个的不成立。

维氏还详细地对如何看出这两个事实进行了描绘，比如"快速地看了一下诸 b 角"，这表明对两种复合物的观看与"眼动"这样的活动有关。那么，其中对内克尔立方体的讨论，究竟是否能够归于《哲学研究》中对的"面相"讨论之下呢？这个问题看似简单，实际上却比较复杂。

首先，与之前引述的《逻辑哲学论》的评论相比，在《哲学研究》中维氏本人关于"立方体图示的面相"的评论本身就显得比较杂乱。他并没有明确界定自己所说的"立方体图示"及其面相究竟指的是什么，而且相应的讨论主要参照了对"复制品"概念的分析，而不是在某个清晰的框架下（比如事实和复合物）进行的。请参考如下评论：

> 如果我知道，立方体图示的面相是多种多样的，如果我能够了解另一个人看见了什么，那么我可以让他在复制品之外再制造一个所见之物的模型；尽管他不知道我为什么要求这样两种说明。（PU II xi 135）
>
> 组织：这或许是一种空间中的关系（Beziehungen）。在视觉印象中对空间关系的描绘，是视觉印象的描述中的空间关系。
>
> 通过改变关于所见之物的描绘中的空间关系，我们可以描绘面相的改变。例如：立方体图示的面相。被画出的复制品总是相同的，但立方体的复制品则各有不同。（LS I 445/ MS 137：122a）

其次，前后期维氏哲学的基本框架和术语都不尽相同。后期维特根斯坦肯定不会认为，在观看两种不同的立方体时我们看见的是两个不同的事实。在《逻辑哲学论》中他之所以这么说，是因为我们可以用两个不同的命题来描述它们。而在《哲学研究》的框架下，我们更关心的是"对象"而非事实，而且在关于所见之物的语言游戏中，给出不同的描述也并不意味着有不同的事实或事项、事情与之相对应。

对这个问题，我们其实可以给出这样的回答：关于立方体的问题，维氏实际上讨论了如下两种不同的情况，一是内克尔立方体，即《逻辑哲学论》中讨论的"两个事实"，二是立方体图式，即《哲学研究》中讨论的可以出现在不同语境之下的图式。在第一种情形下，即使不考虑《逻辑哲学论》中的理论，我们也可以做出两种立方体复制品，它们彼此不同但又都对应于同一幅二维图像，尽管这种不同无法在二维图像中展现出来。而在第二种情形下，"想象"作为一个本质因素参与到"面相观看"当中来。我们已经提到，从文本上看，维氏似乎支持"想象面相"的说法，但在有想象参与其中的面相观看的情形中，事情会变得复杂很多。如果我们承认"想象面相"属于面相的一种（与纯粹视觉面相和概念面相并列），那么内克尔立方体不宜被归于这三种面相中的任何一种（我们对它的复制不同于对诸面相 A 的复制）；如果我们不承认有一种与视觉、概念面相并列的想象面相，而把它看作一种在面相基础上的更为复杂的感知活动，那么内克尔立方体也不宜被归于其中。因此，我们不把它归于"面相观看"的范畴似乎更为合理。

但是，在另一个更为宽泛的意义上，内克尔立方体则与面相相关。由于"注意到一个面相"比"看到一个面相"具有更为宽泛的意义，我们有理由说自己注意到关于内克尔立方体的两种不同复制之间存在某种"相似性"。这种相似性十分类似于两张面孔间的相似性，而且，有一些缺乏相关能力的人（比如立体感较差的人）可能完全无法注意到这种相似性。实际上，那些不能注意到内克尔立方面相的人，完全可以被归于"面相盲"的范围之内。

总而言之，我们不能简单地断言《逻辑哲学论》中的讨论是否属于"面相观看"的范围，因为前后期维氏讨论问题的框架和侧重点完全不同。但在某些特定的情形下，我们可以有意义地说，某人注意或没有注意到——尽管不一定是"看到"或"没有看到"——内克尔立方体的某些"面相"。

除了上述讨论之外，我们还应注意到，早在《逻辑哲学论》中，维特根斯坦就已经在思考心理学与哲学的亲缘关系。

> 与其他任何一种自然科学相比，心理学与哲学的关系并非更为密切。
>
> 认识论是心理学哲学。
>
> 难道我对符号语言的研究不是对应着思维过程的研究吗？在哲学家们看来，后者对于逻辑哲学来说具有本质性的意义。只不过，他们大多数时候纠缠于非本质性的心理学研究中。在我的方法中也存在着类似的危险。（TLP 4.1121）

175

与《哲学研究》不同，《逻辑哲学论》给心理学留下了十分广阔的空间。这时的维氏认为，许多哲学上的问题最终都要依赖于心理学研究的成果，或者它们实际上就属于心理学的范围。回想一下在第一章第一节所讨论的格式塔心理学产生的大背景我们就会发现，《逻辑哲学论》时期的维氏对待心理学的立场，主要也不是批判性的，而是对之抱有比较大的期望。尽管他心中所想的"心理学"未必完全等同于实验心理学家们所从事的研究，但作为一门新兴的自然科学，人们对它的前景抱有比较大的希望也是很自然的。只是随着时间的推移，当它逐渐暴露出一些自身无法解决的问题时，哲学家才转而将批判的矛头对准它的基本概念，《哲学研究》中的维特根斯坦便是一名这样的批评者。

第四章　面相观看与对语词的意义体验

第一节　语词的意义与面相的类比

在《哲学研究》第二部分中，除了面相观看这一主题之外，还有另一个主题，即对语词意义的体验。从表面上看，这似乎是两个并不直接相关的主题，但它们出现于同一段文本之中，这绝非出自某种编排上的偶然性。事实上，维特根斯坦发现了这两种经验之间极为重要的关联，这种关联使得我们有足够的理由将它们放置在同一本书中加以处理。

在我们之前提到的"有歧义的图画"这个表达式中，"有歧义"一词在德语中是"zweideutig"，在英语中为"ambiguous"。在维氏的相关文本中，它们都既适用于图画，也适用于语词。在译为汉语时，我们既可以说一幅图画是"有歧义的"，也可以说一个语词或表达式是"有歧义的"。这些用法之间有着微妙的含意上的差别与联系，而这些差别与联系暗示我们，在本书的语境中，关于图画和语词的很多问题在本质上交织在了一起。作为一个哲学家，维特根斯坦敏锐地捕捉到了"面相观看"这种现象的哲学重要性，因为无可否认的是，人们对概念的把握在这种活动中起到了至关重要的作用，而这足以说明某些看待类似活动的理论观点（比如科勒和詹姆士的方案）是站不住脚的。同样，图画和语词之间的微妙关系也激发了维氏对相关问题的进一步思考，他敏锐地发现，在图画的面相和语词的意义之间有某种相似之处，而且这种相似之处不仅仅是表面上的。

从《哲学研究》的文本上看，在第二部分第十一大段中，维特根斯坦通过"面相盲"与"意义盲"之间的类比而引入了"意义体验"这个话题。不过，在此之前，他已经对关于"如果—感觉"的问题进行了讨论。依据本书的结构，笔者会直接切入意义体验的问题，之后再介绍这种体验缺失的情况，即面相盲和意义盲。除了"面相盲"和"意义盲"的对比之外，维氏还直接对面相和语词的意义进行了类比。这就是我们的切入点。

在他看来，面相和语词的意义之间有着极大的相似性。这种相似性为我们提供了从"面相观看"前进到"意义体验"的路径。首先让我们看一些例子。

在日常语言中时常有这样的情况：同一个语词具有两种或两种以上完全不同的意义。"意义"是一个很含混的概念，许多哲学家试图给之以清晰的界定，却都没有取得完全的成功。但在这里，我们不必纠结于"意义"究竟是何物这个问题，而只需要考虑那些我们自小就不断接触的多义词的案例。例如，在英语中，我们很容易设想这样的场景：

> 我听见两个人在说话，但并不理解他们在说什么，只是听到了"Bank"这个词。我以为他们在谈论钱。（这可能被证明为是正确的或错误的。）我是不是在这种意义上听到"Bank"这个词呢？
>
> 另一方面：一个人在一种语言游戏中，在脱离任何语境的情况下说出一个有歧义的语词；我听见"Bank"并在那种意义上听到它。后一个过程似乎是前一个过程的毫无价值的残留物。（BPP I 1037／MS 135：51—52）

在英语中，"Bank"作为名词，既有"银行"的意思，又有"河堤"的意思。一般情况下，人们会在某种比较明确的语境之下意指其中的某一种意义，在交流中也不易产生误解。但是，如果我们把这个词从相应的语境或曰背景中剥离出来，单独说出"Bank"一词，然后问一个听者"Bank"的意义是什么，那么情况就会变得复杂起来。被问者可能会反问道："你用'Bank'意指什么？"显然，这个问题只有在一定的语境下才可能有确定的答案，而这时，这已经变成了一个再普通不过的问题。然而，维氏在这里关心的不是这样普通的问题，而是：如果一个多义词在脱离语境的情况下被说出来，那么我们是否还能说"我在……的意义上听到了它"？

178

在有确定语境的情况下，我们显然很容易弄清楚一个听者究竟是在哪种意义上听到一个多义词的——对语境和语词用法的研究就可以穷尽这个问题。所以，"后一个过程似乎是前一个过程的毫无价值的残留物"。那么，当语境被抽离掉的时候——即当一个多义词被孤立地说出的时候——听者是否就完全不能在任何一种意义上听到这个词？

我们的日常经验显然会给出否定的回答。对于任何一个掌握了一门语言的人（即使只是一个小学生）来说，他在孤立地听到一个多义词时，都可以在某种意义上听到它，尽管这种意义并未受到具体语境的约束。那么，什么样的研究（除了上面提到的对语境和用法的研究）能够告诉我们说话者所意指的是什么呢？在没有特定语境的情况下，我们还能把握到一些什么东西呢（比如某种"残留物"）？这些问题可以被表述成这样：有没有某种与听到一个语词相伴随的体验？如果有，那么这种体验显然就是独立于语境和用法的"残留物"；如果没有，那么我们就必须从其他途径来解释，孤立于语境的意指是如何可能的。首先，我们必须弄清究竟有没有这种"残留物"存在。请看如下评论：

> 例如，在法庭上会讨论这样的问题：某人是如何意指一个词的。这可以从某些特定的事实推断出来。——这是一个关于

意图（*Absicht*）的问题。但如下问题也同样重要吗：例如，他是如何体验"Bank"一词的？（PU II xi 262）

在这条评论中，维氏是在很宽泛的意义上使用"体验"这个词的，指任何可能与这个语词的说出或听到相伴随的事项。这样的"体验"不仅涉及名词，也一样涉及动词：

> 你可以对自己说出"weiche"这个词，并有时用它意指一个命令式，有时意指一个形容词。现在请说"Weiche!"——然后说"Weiche *nicht* vom Platz!"①——这两次是否有相同的体验伴随着这个词——你确信如此吗？（PU II xi 271）

日常生活中还有一种现象，似乎在怂恿我们相信这种与语词相伴随的"体验"的存在。例如，当一个词反复地被重复时，我们似乎会忘记它所具有的含义，而仅仅听见某个奇怪的声响。这种情况在凝视一个语词（或者一个汉字）时也会发生：原本熟悉的字词突然变得陌生和奇怪起来，仿佛失去了它原本具有的样子。如果我们认为关于语境和用法的研究足以穷尽语词意义的话，那么上述日常现象就变得令人费解。因为，在没有语境的情况下，我们所失去的似乎是除去用法之外的某种东西。如果这种东西不属于语境或用法的范畴，那么它又会是什么呢？

我们可以设计这样的一种"思想实验"，在其中，两个人约定了一种奇怪的密码：

> 假定我已经和某人商定了一种密码；"塔"的意思是银行。我对他说"现在走到那座塔去！"——他理解了我并做出行动，但"塔"的这种使用对他来说显得很奇怪，他还没有

---

① 意为"请不要离开这个地方！"

"接纳"（angenommen）这种意义。（PU II xi 263）

"我们两个人通过那个词都想到了他。"假定我们都默默地对自己说出了同一个词——而且这肯定不可能意味着更多的东西了。① ——但是这些词不也仅仅是一颗种子吗？它们为了成为"想到了那个人"这一点的真实表达，就必须属于一种语言和一种语境。（PU II xi 283）

如果我们仅仅考虑这种密码的可操作性，那么它显然是可行的。但值得哲学家注意的地方在于，人们在使用这种密码时会产生奇怪的感觉。尽管对"塔"和"银行"的使用不会遇到困难，但人们却对这些词的"意义"感到疏远、陌生甚至拒斥。这表明，当我们在使用语词的时候，在实践的领域（即语境和用法）之外，似乎还有一些体验（比如熟悉感和陌生感）与之相伴随。这些体验的存在似乎无可否认，可问题在于，它们的角色是什么，是否与意义相关，是不是意义不可或缺的组成部分。

在哲学中，"意义"这个词引起了无数的误解。这可能主要出自以下两个原因。首先，例如，在英语中有"to mean"这样的用法，这误导人们以为"意义"这个词有某种与一般的及物动词一样的用法。其次，"mean"又有作为名词的用法，这误导人们相信它指涉某种对象。② 这一点在德语中也是如此：

"Bedeutung"来源于"bedeuten"，进而来源于"deuten"；既然"deuten"有指向什么的意思，而"bedeuten"具有指称什么的意思，那么自然而然地，人们就会将一个语词的 Bedeutung 理解为其所指向的对象。（请比较 TLP 3.203："名称 bedeutet 对象。对象是其 Bedeutung。"）但是，在德语中，

---

① 原文中这里使用的是大写"MEHR"。
② 参阅 Goldstein 的文章"What does Experience Meaning Mean"。

"Beduetung" 这个词恰恰不是这样使用的。①

对此，维氏进行了明确的批判。在他看来，这是一种典型的"语法错误"：

> "Bedeutung" 是一个原初的概念。如下形式是它的一部分："这个词 bedeutet（指谓）这个"；也即，通过一种显示而对一个 Bedeutung 所做的解释。这在某些情况下、对于某些语词是运转良好的。但是，只要人们将这个概念引申到其他的语词，困难便出现了。（LS I 332/MS 137：111b）

181

实际上，没有任何一种体验能够成为我们所说的"意义"的不可或缺的组成部分。它们与意义相伴随，但意义的本质却不可能在于这些体验。而"意指"——即"意义"的动词用法——也显然不能是一种体验：

> 一个人对我说："请在银行边等我。"请问：当你说这个词的时候，你意指的是否就是这家银行？——这属于如下这种问题："你在走向他时，是否有意地对他说这个或那个？"它涉及到一段确定的时间（即行走的时间，就像前一个问题中说话的时间）——但并不涉及这段时间中的一种体验。意指很难说是一种体验，就像意图（Beabsichtigen）并不是体验一样。
>
> 什么使它们与体验相区别呢？——它们没有体验的内容（Erlebnisinhalt）。因为这些内容（例如想象）——它们伴随着并且说明这些体验——并非是意指或意图。（PU II xi 279）

---

① 韩林合：《维特根斯坦〈哲学研究〉解读》，第 1112 页。

这些体验不是意义或意指的不可或缺的组成部分，但我们在上述情形下却发现，它们的确又与语词意义有着奇妙的联系。这就是维氏所要研究的问题：关于语词意义的体验究竟是什么意思？

这绝非一个孤立的问题，事实上，它与面相问题紧密相连。上述很多事例都可以与面相观看中的案例相类比。比如，当一幅鸭兔头图画出现在一堆兔子图画中时，我们会有非常强烈的倾向说，它表现的是一只兔子，甚至根本不会想到它还可以被看作一只鸭子。在这种情形下，那些兔子图画就构成了鸭兔头所处的某种具体的语境，只有当这个语境消失的时候（或者，尽管语境并没有消失，但也无法起到足够的限定作用——比如，与它一同出现的兔子图画和鸭子图画在数量上差不多相等），我们才进入到面相观看的情形之下。显而易见，这与多义词的例子是如出一辙的。由此，我们也会很自然地认识到，语词的意义与图画的面相之间有一种十分契合的类比关系。所以，维氏评论说：

> 记忆："我仍然看到我们坐在那张桌子旁边。"——但我实际上是不是具有那幅同样的视觉图像呢——或者是我那时所拥有的那些视觉图像中的一幅呢？我是不是当然也从与那时同样的视角来看那张桌子和我的朋友，而因此并没有看到我自己？我的记忆图像并不是关于那种过往情况的证据；就像是这样一张照片那样：它是那时拍摄的，现在则向我证明那时的情况是如此这般的。记忆图像和记忆语词处于同一个层面上。（BPP I 1131／MS 135：143／参阅 Z 650）

> 每一个词——人们想说——尽管在不同的语境中可以有不同的特征，但它也确实有一种一贯的特征——一张面孔。它的确注视着我们。——人们确实可以设想，每个词都是一张小面孔，文字符号可以是一张面孔。人们也可以设想，整条命题可能是一种群体图像（Gruppenbild），以至于对这些面孔的一瞥便产生出它们之间的相互关系，并且使这个命题整体成为一个

有意义的群体。——但这种关于一个群体是有意义的经验在于哪里呢？为了使用这条命题，必须这样把它感觉成是有意义的吗？（BPP I 322/ MS 131：138—139/参阅 PU II vi 38）

他把语词所具有的特征比喻为它的一张"面孔"，这就如同一幅图画所具有的一种面相一样——只有在一些独特的语境下，人们才能意识到并把握住这种"面孔"或面相。而且，它们显然都与"意义"和"体验"有关（面相观看当然也可以算作一种体验）。因此，"对语词意义的体验"似乎可以被类比为"对一个面相的看"或"对一个面相的注意"。

183

有的学者主张，维氏对面相观看的讨论其实只是对意义体验问题的一种铺垫，后者才是他真正意图解决的核心问题。① 在笔者看来，不宜这样来理解这两个问题之间的关系。毕竟，面相观看和意义体验是两个相独立的问题，前者产生自维氏对心理学家的批判，后者则是从一个新角度对他一直关心的意义等问题进行的新探索。毋庸置疑，这两个问题间有极大相似性，有着千丝万缕的联系，但从根本上说，它们是各自独立产生出来的，有着各自的来源和具体论题。对此，维氏自己也说到：

> "体验到的意义"的情形，同把一个图形看作这样或那样的情形具有亲缘关系。我们必须描述这些概念间的亲缘关系；但我们并不是说，同样的东西真的存在于这二者之中。（BPP I 1064/ MS 135：85）

笔者认为，更为合理的做法是，阐明这两个问题各自的来源和结构，澄清这两个概念之间的关系，并分析维氏将它们联系在一起的意图。这样也更加忠实于维氏手稿所体现的思路。

---

① 参阅 Williams 的文章 "Experience the Meaning of a Word"。

第二节 语词的原初意义与派生意义

除了上一节中提到的现象外，还有一些关于语词的事例值得我们注意。首当其冲的，是元音和颜色间的例子：

> 人们经常把颜色和元音联系起来。对人们来说，一个元音在不断地被说出的时候，它的颜色会改变。例如，对于一个人来说，a"现在是蓝色的——现在又是红色的"。

> "现在我把它看作……"这种表露，与"a现在对我来说是红色的"相比，对我们来说一样没有意义。

> （如果同生理学的观察联系起来，那么这种转变对我们来说可能会是重要的。）（PU II xi 177）

从表面上看，一个元音（比如"*a*"）可以具备声音（一个发"*a*"的声音的声响）或视觉上的特征（被写成"*a*"的样子），但我们用什么颜色写出"*a*"这一点，却与这个元音本身并没有任何本质上的联系。而且，当人们单独提到这个元音时，它也不具备自己独特的颜色，或是与颜色有任何直接的关系。但是，比如，当我们问一个讲英语的人"你觉得*a*是什么颜色"时，他却可以理解这个问题，并给出一个我也可理解的答案。而且更为重要的是，这种答案并不是任意的，生活在共同环境中的人们往往倾向于给出相同的答案。这意味着，"*a*是蓝色的"或"*a*现在是红色的"都可以是有意义的表达式，尽管这一点乍看起来有点匪夷所思。

维氏本人还讲述了关于星期几与"胖瘦"的例子：

> 有"胖的"和"瘦的"这两个概念，你会倾向于说星期三是胖的而星期二是瘦的，还是相反？（我果断地倾向于前者。）在这里"胖的"和"瘦的"是否具有了一种与通常不同

的意义呢？——它们有一种不同的用法。——因此我们是否也应当使用不同的语词呢？当然不是。——这里我想使用这些词（带着其通常的意义）。——关于这一现象的原因，我现在什么都没有说。它们可能出自我们童年时代的联想。但这是一条假设。无论如何解释，——这种倾向总是存在。（PU II xi 274）

请问，"你在这里用'胖的'和'瘦的'意指什么？"——我只能以完全通常的方式来解释其意义。我不能用星期三和星期二的例子来展示其意义。（PU II xi 275）

"星期几"显然是日常语言中所使用的关于日期的概念，而"胖"、"瘦"则属于另一个完全不同的领域。但在某些情形下，我们问一个人周三和周二哪一个是胖的、哪一个是瘦的，他却可以理解这个问题并给出有意义的回答。而且对特定的人群而言，总是存在着给出某个有意义的回答的倾向。

类似的现象都是西方语言中常见的，有些心理学家还通过实验和统计证明，人们一般都有将某个元音与某种颜色相联系的倾向，这些现象我们可以称之为"通感"（Synaesthesia）。[①] 在上述两个例子中，颜色概念（红色、蓝色）和胖瘦概念的独特使用，被维氏称作这些语词的"派生意义"。

在文学性的语言中（比如散文、诗歌），我们时常会用到类似的表现手法，即用一个感官领域内的语词去描绘另一个领域中的感受。但在这种情况下，相应的语词往往在一种隐喻或比喻的意义上被使用。这种使用是为了更好地或更美地表达某种感受，是更好的表达，而不是唯一可行的表达。在不使用通感的情况下，我们也完全可以用更为直接的方式进行描述，只是这样描述不够好、不够美

---

① 参阅哈尔克的文章"Coloured Vowels: Wittgenstein on Synaesthesia and Secondary Meaning"。提及元音和颜色之间的通感的著名案例，见于法国诗人兰波的诗作《元音》。

而已。考虑一下在第二章中提到的关于直接和间接描述的问题，我们可以说，在比喻的意义上被使用的通感，是一种"间接"的描述。

但是，维氏在上述两个例子中想探讨的通感或派生意义，却并不是在比喻或隐喻的意义上被使用的。

> 派生意义并非一种"转喻的"意义。如果我说"元音 e 对我来说是黄色的"，那么我并非意指一种在转喻的意义上的"黄色"——因为我不能借助除了"黄色"之外的任何别的概念来表达我想说的东西。（PU II xi 278）

在他所谓的派生意义的情况下，我们并非在表达某种隐喻，因为我们不能更直接地说出自己的意思是什么。在提问时，人们的意思并不是说，哪个颜色词汇能够描绘或者能够更好地描绘一个元音的特征。实际上，根本不存在这样一种有待描绘的特征。当说一个元音是与哪种颜色内在地联系在一起时，我们所需要的回答是一种"不假思索"的、直接的反应，而不是一种"深思熟虑"的、间接的思考。在"元音 e 是黄色的"这个回答中，"黄色"并非在一种比喻的意义上被使用——比如发黄的旧照片带给人的沧桑感——而是保持着自己原初的意义；"元音 e"本身也并没有什么独特的含义。可是当这两个概念——"黄色"和"元音 e"——碰撞到一起的时候，一个看似奇怪但又有意义的表达式就产生了。这时的"黄色"就具有了一种"派生意义"。显然，这种派生意义并不是一种文学上的比喻，也不是"黄色"的原初意义的翻版，但人们却可以理解它所要表达的意思。当我们要求一个人来解释每个词的意思时，他给出的回答必定与字典上对"黄色"和"元音"的解释无甚差别。但它们结合在一起所产生的意义，则不是这种字典上的解释可以穷尽的。

派生意义的产生不是随意的，它也需要一定的前提条件，那就是对"原初意义"的熟练掌握。我们可以把一个词本来的、字典上的意义称作它的原初意义，只有在人们熟练掌握这种意义的情况下，关于派生意义的语言游戏才可能进行。

> 这里人们可以谈论一个词的"原初的"和"派生的"意义。对一个人来说，只有一个词拥有原初的意义后，才能在派生的意义上被使用。（PU II xi 276）

类似的现象虽然常见，但往往并不引起人们的注意，而且在实践中的作用似乎无关紧要：

> 这种现象、这种反应，有着怎样的令人感兴趣之处和怎样的重要性呢？它们可能完全不重要、完全不令人感兴趣，也可能是重要的、令人感兴趣的。有些人把特定的颜色和我们的元音联系在一起；有些人可以回答周几是胖的而周几是瘦的这样的问题。这些经验在我们的生活中扮演着非常次要的角色；但我可以很容易地思考这样的情形，在其中那些对我们而言不重要的东西反而获得了极大的重要性。（BPP I 100/ MS 130：160—161）

不过，维氏看重的其实并不是这种现象在某些具体情形下的重要性，而是它在哲学上的重要意义。这种现象有如下两点哲学上的重要之处。首先，它引导我们去重新审视维氏在《哲学研究》中对于意义的重要界定——"意义在于用法"。这是因为，派生意义恐怕不能被归于用法。当我们依据用法来描述这种意义时，根本无法描绘出它与原初意义的区别。

其次，派生意义与面相有着重要的联系。关于这个问题，我们可以参考哈尔克的观点。他提出，派生意义与面相之间有如下四点相关性：

第一，关于"看作"的语言游戏建立在其他游戏的基础之上，尤其是关于感知的游戏。而关于派生意义的语言游戏和关于原初意义的语言游戏间也有这种关系——后者以前者为基础，与前者有着某种语言游戏之间的"纵向关系"。而且，在面相观看中，观察者新看到的面相并非对象的某种新的性质；而在关于派生意义的语言游戏中，派生意义也不是一个词所具有的新意义。语词的意义本身并未发生改变，所以严格来说，"派生意义"并不是一种独立存在的意义。这一点类似于面相观看中的那个悖论：我看见对象似乎发生了变化，但对象本身并没有发生任何改变。

第二，语词的派生用法与它们所表达的东西之间的联系是内在的，而且不能被描绘为是比喻性的或象征性的——它并非在原初意义的旁边或后边被使用，并与之相对比。在类似这样的语言游戏中，我们给出的描述都是直接的，而不是通过联想或解释而进行的间接描述。

第三，派生意义不同于同时持续地称呼两件事物（例如"Bank"这样的多义词）。对于派生意义和面相来说，经常有一种关于这种经验的合适的表达式存在。而且，没有比派生意义更直接的描述存在，就像没有比"看作……"更直接的描述一样。

第四，人们具备青睐语词的某个派生意义的倾向，但是不存在关于这种倾向的严格标准。在面相观看的情形下，人们也会具有看见某个面相的倾向，但这并不意味着我们可以对如下事情给出一个清晰的标准：在什么什么样的情况下，人们会把某物看作某物。①

这些相关性提醒我们，语词的意义与图画的面相之间的相似关系，可能远比乍看上去的要丰富和深刻得多。正因为如此，维氏才会使用"语词的貌相"（Physiognomie）这样的表达式，来暗示它

---

① 以上内容参阅 Hark, *Beyond the Inner and the Outer*, 第187—190页。

们之间的重要联系：

> 如果我正确地理解了这种游戏的特征，那么我可以说这点并非本质地属于它。
>
> （（意义，一种貌相））（PU 568）
>
> 一个语词为人所熟知的面孔，一种这样的感觉：它把意义吸收在自身之中，它是语词意义的一幅翻版（Ebenbild），——有些人可能对此完全陌生。（他们缺乏对自己的语词的亲近［Anhänglichkeit］。）——这些感受在我们中是如何表露的呢？——在我们对语词的选择和评估中得以表露。（PU II xi 294）

也就是说，我们可以说一个语词具有自己的貌相。当我们"看"着或使用着这个语词的时候，可能就会注意到它的某个"面相"。

第三节　对语词意义的体验

语词意义体验这一现象不是维氏首创的，我们可以在詹姆士的著作中发现对类似现象的描述。[①] 这些现象不仅属于视觉或听觉领域，还可能广泛存在于其它感官之中。但是，维氏显然不认同詹姆士解决这个问题的基本思路。在詹姆士看来，我们可以通过内省来发现人体之内的某种过程、活动或机能，它们可能就是我们所说的"意义"的本质，是与说出一个词紧密相随的。

而对维特根斯坦来说，他对"意义"的理解包含如下两个基本观点。首先，他反对任何"意义体"（Bedeutungskörper/mean-

---

① 参阅 James，*The Principles of Psychology*，第 726—727 页。

ing – body）的存在。① 他所反对的这种"意义体"有着自己独特的含义，请参阅如下解释：

> 他是在两种意义上理解意义体的。首先，如果将一个词的意义看成独立于、并且决定了其用法、进而其语法规则的东西，那么其意义体便是这样的独立的意义。其次，如果认为一个词的意义在于其用法，是由制约着其使用的语法规则规定的，并且认为这样的语法规则、甚至于由其所决定的这个词的具体的使用已经悉数包含在这个词之中了，那么其意义体便是指这样的语法规则的全体或其具体的使用的全部可能性。在每一种意义上，一个词的表面形式之后似乎都有一个不可见的意义体做后盾。显然，意义合成论预设了如下想法：一个词是否适合于其他的词，与其是否能够配合在一起，以形成一个有意义的命题，这是由它们的意义体决定的。……我们最好放弃意义合成论，而只去关心一个命题是如何由其构成表达式构造起来的，进而在语言游戏中人们是如何使用它的。②

其次，他反对意义是由某种内部过程所赋予的观点：

> 意指并非是一个与语词相伴随的过程。因为没有任何过程可以具有意指那样的后果。
>
> （我相信，人们同样可以说：计算并非是一种实验，因为没有实验可以具有乘法那样的特定的后果。）（PU II xi 291）

---

① 在 *A Wittgenstein Dictionary* 中，对"意义体"这个词条被给予这样的解释："在任何一个标志（sign）背后，都有一个非语言的实体（non – linguistic entity），这个实体的意义决定了这个标志是如何被正确使用的。这就意味着，词就好比是这个样子：一个不可见的、具有一定形状的玻璃体的一个被涂上了颜色的单个的表面。这样，语法规则就成了诸意义体的几何结构。通过逻辑分析我们可以找到语言之外的东西，它决定了标志的真正意义。"参阅该书第 239—240 页。

② 韩林合：《维特根斯坦〈哲学研究〉解读》，第 1151—1152 页。

存在着与言谈相伴随的重要的过程，它们常常是未经思考的言说所缺乏的，并标记出这种言说。但它们不是思想。（PU II xi 292）

那么，究竟有没有一种关于意义的体验呢？它是什么样子呢？前面的讨论似乎在诱导我们相信这样一种体验的存在，但维氏却采取了更为小心的策略。他承认，确实有一些体验与我们说出或听到的语词相伴随，但并没有断言这就是"意义体验"。他谨慎地考察了"意义体验"与"心象的体验"之间的关系：

> 对于一种意义的体验和对于一种心象的体验。"人们在两种情形下"，人们会说，"体验到不同的东西。某种不同的内容出现在意识中——呈现在它之前。"——哪一个是心象体验的内容？答案是一幅图像，或一种描述。而什么是意义体验的内容？我想回答说，我不知道。——如果那种表露有某种意义的话，那么这种意义就是，这两个概念间的关系就像"红色"和"蓝色"那样；而这是错误的。（PU II ii 10）

事实上，维氏从来没有否认，一些与我们的语言行为相伴随的体验确实存在着。但是，这些体验在哲学上的意义却往往被误解了。很多哲学家受到表面语言形式的误导，进而武断地认为，存在着与这些体验相应的某种内在的过程或活动，它们就是赋予被说出的声响以意义的东西，是意义的本质之所在。

引起这种误解的重要原因之一在于，语词往往具有一幅自己的"貌相"。例如，当说到"贝多芬"这个词的时候，人们几乎不可能不去联想到贝多芬的伟大作品，甚至在耳边响起熟悉的交响乐旋律——这些特征都与"贝多芬"这个名字难解难分地融合在一起了。可是，这说明了什么呢？这只能说明，语词并非僵硬的复合物，而是活生生的、有着自己的"生命"和"貌相"的复合物。

当我们说出或听到一个语词的时候，既不是孤立地涉及到一个单独的声响，也不是仅仅涉及到一个声响和"意义"的复合物，而是"看"到或"听"到一个与该语词相关联的各种特征，或者说是想起与之相应的种种背景。"贝多芬"这个词不是一个生硬的声响，也不是贝多芬其人的孤立的标签，而是与这个人及其种种特征融合在一起的一幅多彩的图画，它可以拥有自己的"貌相"。这些貌相有些比较重要——或曰是本质上的——有些则是无关紧要的，但对一个称职的说话者而言，他总是可以根据自己的意愿来"看"到这些貌相。我们甚至可以把这样的语词叫做语词绘画（Wortgemälde）。（参阅 PU II xi 267）

我本来可以以不同的方式借助于语词来恰当地表达自己在阅读一个语词时所具有的体验。因此，我可以说，所写下的东西促使我想起那些声音。——但是我也可以这样说：字母和声音在阅读时构成了一个统一体——可以说是一种合金。（比如在著名人物的面孔和其名字的声音之间存在着一种类似的熔合。我们觉得，这个名字是这张面孔的惟一适当的表达。）当我感受到这种统一性时，我可以说：在所写下的这个词中我看到，或者听到这个声音。……（PU 171）

不过，另一个问题也随之而来。对于一个对贝多芬所知甚少的人来说，他自然也可以理解这个词的意义，并且毫无困难地同我们进行交流。与我们相比，他似乎并没有缺失什么重要的东西。但是，他必然不会看到这个词丰富的貌相，或者说，不能"体验"到它丰富的意义。在这种情况下，与我们相比，他没有体验到的究竟是什么呢？

如果现在情况是这样的，即虽然存在着对意义的体验，但这种体验是某种微不足道的东西，——那么它怎么会显得是非常重要的呢？这是否源自如下事情呢：这种现象能迎合我们语法的一种特定的原初的释义？就像人们经常设想对一个事件的记忆是一幅内部图像，而那样一幅图像有时确实存在着。（BPP I 1050／MS 135：66—67）

实际上，如同"看"这个概念一样，"体验"这个概念也具有不止一种含义："体验这个概念每次都是不同的，尽管是有亲缘关系的。"（BPP II 485／PU II xi 223／MS 137：25b）在所谓的"意义体验"中，"它当然不比其他的体验更奇特；它仅仅是不同于那些种类的体验：我们把这些体验视作是基础性的，例如感觉印象。"（PU II xi 269）

193

体验自然不是思想，但人们却可以体验对思想的表达：

> 人们"体验"思想的表达。（LS I 809／MS 138：14a）
>
> 我不能把思想称作体验，因为否则的话我就必须得说，例如，这种体验伴随着言说。（LS I 810／MS 138：14a—14b）
>
> "但你如何知道，他就是其图像浮现在你脑海中的那个人呢？"——我不知道这点。我说出它。（LS I 811／MS 138：14b）
>
> 如果我说，我体验思想的表达，那么我在这里就必须把想象出来的表达也理解为是属于"表达"的。（LS I 812／MS 138：14b）

因此，严格来说，并没有一种独特的、被称作"意义体验"的东西，但是确实有一些体验与语词的说出相伴随，它并不比其他的日常体验有更多的特别之处。上述那个不太了解贝多芬的人，他错过的就是那些与该语词相伴随但又不太重要的体验。

那么，是不是对每个语词来说，都有着与之相伴随的独特的体验呢？这并不是一个很容易回答的问题，让我们看看维氏自己的讨论。

受詹姆士的启发，维氏曾经对"如果—感觉"进行了讨论。我们不能抽象地说有一种所谓的"如果—感觉"存在，尽管有些人误以为，对任何一个语词来说，都有与之相对应的一种独特的体验——无论它是名词、动词还是连词。詹姆士就持有这种看法，他提出：

> 我们应当说一种并且的感觉，一种如果的感觉，一种但是的感觉，和一种通过(by) 的感觉，这完全就像是我们说一种蓝色的感觉或一种寒冷的感觉。但我们并未这样做：我们的习惯如此根深蒂固，只能识别出这些实质性部分的存在，以至于语言几乎拒绝将自己用于任何其他的用途。[①]

如果我们的立场是，有一些与"并且"、"如果"、"但是"和"通过"等语词相伴随的感觉存在，就像有与"蓝色"和"寒冷"相伴随的感觉存在的话，那么很难说这其中有什么问题。但如果有人主张，该语词的意义就在于这种感觉，那么他就会面临很多困难了。

但是，这并不意味着所有关于这种类似"如果—感觉"的谈论都是讲不通的。在有些语境中，我们的确可以有意义地谈论"一种关于'如果'的感觉"。例如，对于一个熟练地掌握了英语和德语的人来说，他可以有意义地说，在关于"if"（英语中的"如果"）和"wenn"（德语中的"如果"）的体验之间似乎存在着某种差别。我们不能就此认为，存在着可以进行相互比较的"if—体验"和"wenn‐体验"。实际上，这仅仅意味着，在某些情形下，我们可以有意义地谈论在听到或说出这两个词的时候，人们在体验上的差别。这类似于面相观看的情形，即只有在面相转变的情形下，我们才能有意义地说"我现在把它看作……"

有些时候，我们可以获得某种使用"意义的体验"这种说法

---

① James，*The Principles of Psychology*，第 238 页。

的理由，从而有意义地使用相应的表达式。这些表达式在日常生活或实践领域内往往显得微不足道，但在另一个领域内却极为重要，那就是审美。

我们以诗歌为例：

"当我带着情感来诵读一篇诗歌或故事的时候，我心中的确浮现出一些东西，这些东西在当我仅仅为了获得信息而略读这些段落时是不存在的。"——我暗指的是哪些过程？——这些句子听上去是不同的。我精心地留意语调。有时一个词的音调不对，被强调得太过或不足。我注意到这点并在我的脸上表现出来。随后我可以谈论我的朗读的细节，例如，谈论音调上的错误。有时我脑海中会浮现起一幅图像，好比一个图示。是的，这似乎有助于我以正确的表情来阅读。而且我可以举出其他一些诸如此类的事情。——我也可以赋予一个词以一种音调，这种音调将这个词的意义从其他词的意义中分离出来，就好像这个词是这个事实的一幅图像。（这可能自然要受到句子结构的限制。）（PU II xi 264）

当我富于表情地读出这个词的时候，它完全充斥着它的意义。——"如果一个词的用法就是意义，这是如何可能的呢？"好吧，我的表达是被图像式地意指的。但并非是我选择了这幅图像，而是它把自身强加于我之上。——但是，这个词的图像式的用法，的确不可能与它的原始的用法相冲突。（PU II xi 265）

在诗歌这样的艺术当中，我们时常会为寻找一个恰当的语词而发愁。寻找这样一个语词的过程，往往就是"品尝"不同语词之间微妙的意义差别的过程。这时，我们会非常倾向于说有一种"意义体验"存在，而且恰恰是这种体验才告诉我们，究竟哪个词是最合适的：

> 我是如何找到"正确的"词的？我如何在语词中进行选择？有时我按照气息上的细微差别来比较它们：这个太……，那个又太……，——这个是正确的。——但我并非总是必须进行判断或说明；我可能经常只是说："它还是不对。"我还是不满意，要继续寻找。最终一个词浮现出来："就是它！"有时我可以说出为什么。这里的这种寻找和找到看起来就是这样的。（PU II xi 295）

综上所述，我们可以这样来总结维氏在意义体验问题上的立场。一方面，"意义体验"在某些领域和某些情形下是没有意义的，因为从根本上说没有这种独一无二的体验存在。但另一方面，尽管它在很多日常情况下是无关紧要的，但在审美中却至关重要。区分开"体验"的不同含义，有助于我们认识到这个问题本身的复杂性。事实上，对"意义体验"究竟是什么这个问题，我们不能给出一个一般性的、抽象的回答，因为许多复杂的概念和语言游戏在此相互交织。只有考虑到具体的语境和说话者的情况，对这个问题的回答才是有意义的。

第四节　意义与用法①

以上对派生意义和意义体验问题的讨论，给我们带来了一种新的困难。众所周知，维氏在其后期哲学中主张"意义在于用法"。但上述这些讨论则表明，有一些意义并不能被归于用法，至少在很

---

① "用法"这个词在维氏手稿的德语原文中是"Verwendung"，英语一般译作"use"。这个词的含义其实有如下两个方面。一方面，它可以指一条表达式的"用法"；另一方面，也可以指一次具体的"使用"。维特根斯坦本人是在这种双重意义上使用这个词的，因此，"意义就是用法"这个论点也有着双重的含义：一条表达式的意义既在于其"用法"，也在于其具体的"使用"。在中文里将"Verwendung"译作"用法"或"使用"都是可以的，我们应当根据语境的不同来理解它的含义是侧重于"用法"还是"使用"。

多语境中，我们不能简单地把"意义"替代为"用法"。那么，这是否意味着我们应当放弃"意义在于用法"这样的立场呢？或者像对待"看"和"体验"概念那样，也把"意义"的不同意义区别开来？

不过，"意义的意义"这样别扭的表达式已经提醒我们，在处理"意义"问题时，情况还要复杂得多，我们要谨慎处理"意义"出现于其中的那些案例。在派生意义的情形下，"意义体验"显得尤为特别，此时，"意义"尤其不能被替换为"用法"。

我们可以做一个这样的思想实验。在英语中，"yes"一词本身就与肯定的意义联系在了一起。人们当然可以规定用任意一个其他的符号——比如"Φ"——来表示肯定，但只有当人们对这种使用的熟练达到一定的程度之后，"Φ"才能像"yes"一样具备一种关于肯定的貌相。"yes"的拼写和读音都构成了对这个语词的感知的一部分。这时，我们似乎在"yes"的拼写中"看到"了它的读音。①

在上一节中我们提到，詹姆士主张用内省来寻找与意义相对应的过程，进而寻找意义的"本质"。他之所以有这种看法，理由之一可能主要是对这样一种现象的考虑：我们在说出一个语词之前，往往已经比较清楚地"想到"它了。情况似乎是：这个词就在嘴边，我们说出它的过程只是把这种已经存在的"思想"表达出来而已。维氏将这种体验称作是"奇特的"：

> 詹姆士对此真正想说的是："一种多么奇特的体验啊！这个词还没有在这里，而在某种意义上又已经在这里了，——或者在这里的是一种只能成长为这个词的东西。"——但这根本不是体验。把它释义成体验看上去自然是奇怪的。就像意图被

---

① 关于类似这样的通感问题更详细的讨论，请参阅哈尔克的文章"Coloured Vowels Wittgenstein on Synaesthesia and Secondary Meaning"。

释义成行为的伴随物，或者 −1 被释义成基数。（PU II xi 299）

但是，在维氏看来，詹姆士等人恰恰在这一点上犯了致命错误，因为"这个词就在我嘴边"这种表达式是误导人的。事实上，它并不意味着有某种与之相对应的体验存在于人体之内，更不意味着语词的说出只是对这种体验的表达而已。从维氏的角度来看，这样的表达式只是类似于"我知道该如何继续"的情况，不过是一种能力的体现。

198

"这个词就在我嘴边"这句话很难算作是体验的表达，就像"现在我知道如何继续！"一样——我们在一些特定的情况下使用它们，而且它们被一种特殊的行为和一些独特的体验所环绕。特别是，在此之后人们往往就找到了这个词。（请问一下你自己："如果人们从未找到那个就在自己嘴边的词，那么会怎样？"）（PU II xi 300）

从根本上说，坚持上述错误观点的人陷入了这样的误区：我们日常对语词的言说是一种外部的过程，在我们的机体之内，还存在一个与这个外在过程相对应的内部过程（比如一系列的神经系统的活动）；这种内部过程就是"内在地言说"，是使得语词能够具有意义的、更为本质的东西。

但是，这种观点的荒谬性也是显而易见的，因为所谓的"内在地言说"，最终只能是一种任何人都不能知道的、虚无缥缈的存在，没有任何哲学上的意义。请看如下评论：

另一个人内在地说出的东西对我来说是隐藏的，这点包含在"内在地言说"的概念之中。只是"隐藏的"一词在这里是错误的；因为如果它对我来说是隐藏的，那么对他来说就应当是公开的，他必定知道它。但是他并不"知道"它，情况

只不过是，对我来说存在的怀疑对他来说并不存在。（PU II xi 307）

通过内省来在人体之内寻找到语言和言说的本质，这只能是死路一条，因为它建基于如下误解：我们可以像理解一个外部过程一样来理解人体之内的过程，而后者才是本质上的。但实际上，"内部的过程"或"内在地言说"，只不过是对"外部的过程"或"外在地言说"的误用而已，我们根本不能辩护这种使用的合法性，也根本不能像知道外部的事物那样去"知道"某个内部的事物：

199

　　"言谈"（无论是有声还是无声）和"思想"并非是同类的概念；尽管是紧密关联的。（PU II xi 281）

　　如果我不相信存在一种内部的看的状态（inneren Zustand des Sehens）并且另一个人说："我看见……"那么我相信他不懂德语或在说谎。（BPP I 79/ MS 130：138）

为了克服上述这些误解，维氏建议我们最好采取另一条道路。他的建议是：不去关心有没有一个内部过程存在，而专注于"外在地言说"；不去关心语词的意义是否对应着某种神奇的事物，而专注于语词在整个语言游戏中的用法。"我们最好放弃意义合成论，而只去关心一个命题是如何由其构成表达式构造起来的，进而在语言游戏中人们是如何使用它的。"① 这才是他提出"意义在于用法"这种观点的动机。

　　那么，既然语词的意义在于它在语言游戏中的用法，我们是否可以说"意义的体验"就是"用法的体验"呢？恐怕不行。"用法的体验"是让一种人不知所云的表达式。在"意义体验"的案例

---

　　① 韩林合：《维特根斯坦〈哲学研究〉解读》，第1152页。

中，我们不能把"意义"替换为"用法"。有些学者的建议是，与"看"的两种用法相应，"意义"也有两种用法：一是作为用法，二是作为体验的对象；后者是由前者派生出来的。① 但如同我们已经指出的那样，"意义的意义"或"意义的用法"都是难以澄清的概念，只能把我们从一团迷雾引向另一团迷雾。而且，这显然并非维氏本人所意图采取的解答途径。他其实并不关心所谓的"意义体验"的对象究竟是什么，他真正关心的问题是：我们在什么条件下可以谈论"意义体验"？那些没有某种意义体验的人究竟错过了什么？对于前一个问题，维氏认为，我们不宜给出一种一般性的答案，而应当根据具体的语言游戏来加以解答。而后一个问题，实际就是"意义盲"的问题，我们将在下一节详加讨论。

之前我们说过，从根本上说，"意义的体验"是没有意义的，但是在具备了一定条件的情况下，我们可以有意义地使用这种表达式。这些条件就是必须熟练地掌握语词的原初意义以及与之相关的语言游戏。如果一个人对某个语词有了足够丰富的了解，那么他在听到这个语词时可能具有的体验，当然就比一个具有较少了解的人更加丰富。他还可以与另一个同样具有丰富了解的人进行一些别人不能进行的语言游戏，仿佛他们具有某种别人不能具有的体验一样。但是，并非是他们首先具有了这种独特的体验，然后才能进行这种语言游戏；相反，因为他们能够进行这种游戏，所以我们才说他们具有某些体验。许多学者的错误就在于，把这二者的关系颠倒过来了，从而不断地陷入在人体之内找寻这种体验的泥潭。

---

① 参阅 Williams 的文章 "Experience the Meaning of a Word"。但其实"看"的两种用法之间并非原初与派生的关系，它们之间的区别是"范畴上的"，第二种用法并非是第一种用法的派生物。而且，"派生意义"与"原初意义"也不对应于"体验"和"用法"。派生意义是一些语词在某些情形下可能具有的独特用法，而对意义的体验则不是在"用法"的基础上派生出来的。

"意义体验"如同"乐感"一样，必然涉及不同人的不同能力。对于一个乐感很好的人，我们自然可以说，他体验到其他人不能体验到的一些东西。但我们的意思是：因为他具备了更好的音乐欣赏能力，所以体验到了不同的东西；而不是：因为他体验到了不同的东西，所以具有更好的音乐欣赏能力。在关于语言的问题上，情况也同样如此："对语言的一个命题的理解，与对音乐中一个主题的理解的关系，或许比人们所相信的更加具有亲缘性。不过，我的意思是：语言的命题的理解比人们所想的，更为接近于人们通常称为音乐主题的理解的东西。"（PU 527）总之，是语言能力使我们可以在某些情形下有意义地使用"意义体验"这种表达，而不是"意义体验"的存在使得我们可以进行某些语言游戏，或是将意义赋予一个语词。

　　弄清楚了这种关系，我们就可以理解为什么没有"对用法的体验"了。情况是：因为我们掌握了相关的用法（意义），所以可以在特定条件下拥有相应的"意义体验"；而不是：因为我们拥有特定条件下的"意义体验"，所以掌握了相关的用法（意义）。"意义就是用法"这个信条与"意义体验"这种现象的存在并不冲突，因为"意义就是用法"的意思并不是说，"意义"和"用法"这两个词是相等同的。相反，我们必须根据语境来确定"意义"和"用法"之间的关系。

　　的确，维特根斯坦关于"意义就是用法"的论题是很容易引起误解的。在后来的日常语言哲学家那里，这种观点被作为核心信条继承下来。吉尔伯特·赖尔（Gilbert Ryle）、约翰·L. 奥斯丁（John L. Austin）、彼得·斯特劳森（Peter Strawson）、理查德·M. 黑尔（Richard M. Hare）和诺曼·马尔考姆（Norman Malcolm）等日常语言哲学家几乎都在自己的哲学分析中贯彻这一原则。但实际上，维氏本人并没有把这种看法推向极端。即使承认用法构成了语词意义的本质部分，这也并不意味着，除用法之外的其他因素都应当被排斥在意义之外。就这一点而言，保罗·格赖斯（Paul Grice）

对交谈逻辑（the logic of conversation）的看法倒是切中了日常语言哲学的要害。实际上，支配语言使用的因素有很多，哲学家不应只考虑意义这一种因素。如格赖斯所指出的那样，简单地将意义等同于用法是成问题的。他自己提出了交谈中暗含的各种原则，来解决一些日常语言分析无法处理的疑难问题。尽管从表面上看，格赖斯背离了维氏的一些论述，但在解决哲学问题上却做得更好。这至少让我们有理由相信，维氏在"意义就是用法"这一点上，并没有坚持一种僵硬和极端的立场——即坚称"意义"和"用法"是等同的——而是采取了较弱的、更有弹性的立场。本章谈及的"意义体验"问题可以成为一种旁证，来证明"意义"并不等同于"用法"。毕竟我们在这里不能直接将"意义体验"替换为"用法体验"。在谈论"意义体验"时，我们在谈论的显然是对语词用法之外的某种东西的体验。

第五节　面相盲与意义盲

"面相盲"与"意义盲"的问题，是我们在本书中所要讨论的最后一个主题。在维特根斯坦的手稿中，这两个问题是分开的，分别出现在关于面相观看和意义体验的段落中。但是，这两种现象的诸多相似之处，使我们有足够的理由将其放在一起讨论。而且，按照手稿中讨论的顺序，维氏是通过追问"意义盲"与"面相盲"之间的相似之处来引入意义体验问题的：

> 这个概念的重要性在于，"看见一个面相"这个概念与"体验一个词的意义"之间的关联。因为我们想问："如果一个人没有体验到一个词的意义，那么他错过了什么呢？"
>
> 例如，如果一个人不理解如下这个请求：说出"sondern"这个词并把它意指为一个动词，——或者，如果一个人在已经说出一个词十次以后，还没有觉得它已经失掉其意义而变成单

纯的声响，那么情况又如何呢？（PU II xi 261）①

我们在本节的讨论将围绕如下两个问题展开：第一，什么是面相盲和意义盲？第二，他们与正常人相比究竟错过了什么？

第一个问题其实并不难回答。一方面，维氏对它们有明确的定义；另一方面，在实际生活中，我们很容易发现那些在交流和理解中存在困难的人。以鸭兔头为例，一个从未见过鸭子的人显然不会把这个图画看作一只鸭子，那么相对于一个正常人而言，他就似乎缺失了某种东西。在多义词的情况下，一个不熟悉德语的人显然不会理解"weiche"这个词的多重含义，不会按照相关的命令行事。在面相观看和意义体验中，与正常人相比，上述这两种人有着明显不同的表现，他们便被称作"面相盲"或"意义盲"。

关于这两个术语的含义，维氏有着明确的规定：

随后的问题是：我们能否设想这样一些人，他们从不把某物看作某物？他们是不是缺少一种重要的感官（Sinn）；比如他们是色盲或缺乏绝对辨音力？我们把他们称作"格式塔盲"（gestaltblind）或"面相盲"（aspektblind）。（BPP II 478/ MS 137：23b）

如果一个人无法理解"把这幅图画看作箭头"这些词，并且也无法学会使用它们，那么我把他称作"意义盲"（be-deutungsblind）。

对他说"你必须尝试把它看作箭头"是没有意义的，而且人们也无法这样来帮助他。（BPP I 344/ MS 131：158）

现在我们问，基于同样的理由，谈论"格式塔盲"（Ge-staltblindheit）或"意义盲"（Bedeutungsblindheit）是不是并

① "sondern"一词既可以是连词，表示"而是"的意思，也可以是动词，表示"分离"、"挑选出"的意思。

非完全是误导人的（就像一个人在自己被动地行动时，人们谈论"意志盲［Willensblindheit］"一样）。因为所谓盲恰恰就是指那个没有这种感受的人。（人们不能把——例如——盲人比作弱智。）（BPP I 189/ MS 130：255—256）

严格来说，"格式塔盲"恐怕并不是一个很合适的说法。因为，一方面，维氏最终说来并不承认有科勒意义上的"格式塔"存在；另一方面，对应于"感觉组织"的"组织面相"只是面相中的一种。这里的"格式塔盲"是一种不严格的用法，应当被替换为"面相盲"。但无论如何，不管是面相盲还是意义盲，他们同正常人相比，都在某些方面存在某种理解和使用上的困难。而且，"意志盲"这个说法告诉我们，可以有两种方式来表述这些"盲人"。一是，他们没有某种正常人具有的"感受"。二是，他们不能执行这样的命令："把……看作……"或"在……意义上听这个词……"——与这些命令相应的行动是服从于意志的。这两种表述方式并不矛盾。之前的讨论告诉我们，这里所说的"感受"不是一种与意义相对应的所谓"意义体验"，而是指：我们在某些情形下可以说，那些"盲人"们与正常人相比有不同的体验。

如果我设想关于一个意义盲的情形，那么这是因为对意义的体验在语言的使用中似乎没有任何重要性。也是因为，意义盲似乎不能错过太多的东西。但这与如下事情相抵触，即我们有时说，在一种报告中，一个词有时对我们来说意味着一样东西，直到我们看出它意味着另一样东西。首先，我们在这种情形下没有感到意义的体验在这个词被听到时发生。其次，人们在这里可以谈论一种对命题的意思的（Sinnes）体验，而非对一个语词的意义的（Wortbedeutung）体验。（BPP I 202/ MS 130：266—267）

在界定了面相盲和意义盲的定义之后，我们就需要回答第二个问题：他们究竟错过了什么？既然严格来说没有所谓的"意义体验"或"对面相的看"，那么他们缺失的是什么？①

前面已经提到，在关于意义体验的问题中，"意义"不能等同于用法，这一点对意义盲来说也同样适用。因为，情况完全可能是这样的：一个意义盲知道某个词的两种用法，但在某个时间点上却没有体验到两种意义上的转变。他错过的不是"用法"，而是"意义"在"用法"之外的那个维度上的某种东西。② 为什么面相转变和意义体验都与时间点有关呢？因为意义盲或面相盲错过的东西显然不是语词的用法，而是某个时间点上的一种转变。（参阅 PU II xi 285—286）

现在产生出如下这个问题：有些人是不是缺少将某物看作某物的能力（Fähigkeit）——而这会是什么样子的呢？这又有着怎样的后果呢？——这种缺陷是否类似于色盲，或绝对辨音力的缺失？——我们称其为"面相盲"——现在我们考虑这可能意味着什么。（一种概念研究。）

一个面相盲应当看不到诸面相 A 的改变。那么他也应当认不出包含黑色和白色十字的双十字吗？因此他是否也应当不

---

① 这里一个比较棘手的问题是，在面相观看的情形下，与意义体验中的"体验"相对应的是什么？体验这个概念虽然比较模糊，却还是有一个大致清晰的边界，我们可以比较清楚地谈论它，而且知道它是一个名词。但在面相观看中，我们必须把"看"理解为一个名词才能与"体验"相对应。在观看一个面相时人们肯定会有某种体验，但如果我们追问这种体验是什么，那么就会遇到与意义体验相类似的问题，即严格来说根本没有这种体验存在，只是在比如面相转变的情况下我们才能有意义地谈论它。因此，笔者在这里使用"对面相的看"这种表达式来与"意义体验"相对应。因为，只有在某些情形下，我们才可以说自己看到了一个面相。如果一个人试图通过指向自己的体验来说明自己的理解与他人有何不同，那么这注定会是失败的。而如果一个人试图通过指向自己神经系统中的"对面相的看"来说明自己的视觉印象与他人有何不同，那么也注定会是失败的，我们在第二章已经论证过这一点。

② 参阅 Goldstein 的文章 "What does Experience Meaning Mean"。

能完成如下这个任务："请向我指出这些图形中哪些包含了黑色十字"？不，他应当能完成，但他应当不会说："它现在是一个白底之上的黑色十字！"

他是否应当看不出两张面孔之间的相似性呢？——因此也看不出相同或近似的相同？我不想确定这点。（他应当能执行"给我看上去像这个的东西！"这种命令。）（PU II xi 257）

一个人可能准确地描画出这两张面孔；但另一个人则可能在图画中注意到第一个人没有看到的相似性。（PU II xi 112）

在日常生活中，面相盲与意义盲完全可能毫无困难地与正常人交流并参与社会实践，正如上述评论中所说的那样。他们可以看出双十字的主要面相（即黑白双十字，但他们可能错过双十字的其他面相，比如它还可以被看作一架风车），可以执行"给我看上去像这个的东西！"的命令——这些事情让人们觉得，似乎难以把握到他们与正常人的不同。但这也恰恰是第二个问题的精要之所在。

我们在之前讨论意义体验时所达到的结论是：面相盲和意义盲所错过的东西在日常生活中可能是极其不重要的，甚至往往被忽视，而只有在某些特定的情形下才能被人们注意到。这类似于色盲的情况。色盲只有在某些特别的情形下，才显得与正常人不同（比如在观察测试色盲的图片时）。"乐感"的情况也与此相似，所以维氏说："面相盲与'乐感'的缺失有亲缘关系。"（PU II xi 260）不具备乐感的人似乎完全可以天花乱坠地和正常人谈论许多关于音乐的事情，只有在旋律发生改变或音程有所不同时才暴露自己。

实际上，面相盲和意义盲会错过某些东西，这并非源自他们对规则或语词用法的无知，而是源自相应的能力的缺乏或个人熟悉程度的不足。他们或许只是不能把两个前后相继的不同体验合成为一个体验。① 因此，同正常人相比，他们与一个特定的时间点之间的关联十分不同。这个时间点往往转瞬即逝，但有时会被凸显出来。在这个时间点上，一个正常人可以把两个前后相继的体验融合在一起，面相盲和意义盲则只能把它们割裂开。

　　从其他一些角度看，这些"盲人"们可能完全是正常的："他不能在脑子里进行计算，也不能学会默读，但是除此之外他都是有理智的人，并且在任何一种意义上都不是'低能的'。"（BPP I 996/ MS 135：7）只有当他们所进行的语言游戏被当作一个整体而不是两个独立的部分看待时，问题才显现出来："你必须把这个游戏看作一个整体，然后你就会看到差异。"（LS I 151/ MS 137：92b—93a）这些差异很多情况下如同做梦一样，对日常生活来说显得微不足道：

　　　　如果我把意义的浮现同一场梦相比较，那么我们的言说通常不是在做梦。
　　　　所以"意义盲"是一个在言说时总是不在做梦的人。
（BPP I 232/ MS 131：16）

　　但在另一些情形下，比如在审美中（有感情地朗诵诗歌、聆听音乐、品味散文中每个语词微妙的意蕴等等），这些差异就变得极为重要了，它们甚至成为了艺术的生命力之所在。

　　考虑到我们在上一章提到的"内在关系"的问题，泽麦克为我们提供了另一种理解面相盲和意义盲的方式。他主张，正常人在面相观看和意义体验的情形下，经历的是一种与图画或语词的内在关系，而意义盲经历的则是一种"外在关系"——也就是说，他们总是需要解释自己的所见或所闻，需要以某种东西作为中介；正

---

　　①　参阅 Wenzel 的文章 "On Wittgenstein's Notion of Meaning‒Blindness"。

常人则不需要这些解释和中介。① 比如，在内克尔立方体的例子中，如果我们向一个面相盲展示两个立方体，他可能会发现这二者都对应着同一个立方体图示；但他不能把这个立方体图示看作两个不同的立方体。换言之，"盲人"们没有正常人会有的那种当即的反应；他们是在思考，而不是在"看"或"体验"。对此，维氏总结说：

> 因此意义盲是这样一种人吗，他不说："整个思路在一瞬间出现在我的面前？"这是否就是说，他不能说"现在我明白了！"（BPP I 206／ MS 130：269—270）
>
> 他是否应当不能把立方体图示看作立方体？——但这并不意味着，他不能把它认作是一个立方体的描绘（例如认作是工程图）。但对他来说，一个面相不会突然变成另一个。问题在于：他是否应当像我们那样，可以在一些情形下把它认作一个立方体？——如果不是这样，那么人们就不能把这称作是一种盲。
>
> 一般而言，一个"面相盲"跟图像的关系与我们跟图像的关系不同。（PU II xi 258）
>
> （我们可以很容易地想象这种异常。）（PU II xi 259）

面相盲和意义盲的问题不仅仅是针对个体的而言，它们也往往体现在共同体之中。比如，两个不同阶层的人在交流上往往会出现这样或那样的困难，对两种不同文化之下成长起来的人们而言，情况也是如此。

> 一个完全由聋子组成的社会看上去会是怎样的？一个完全

---

① 参阅 Zemach 的文章 "Meaning, the Experience of Meaning and the Meaning - blind in Wittgenstein's Late Philosophy"。

由 "弱智" 组成的社会呢？一个重要的问题！那么一个从未玩过我们的日常语言游戏的社会又将是怎样的呢？ （BPP I 957／MS 134：161／参阅 Z 371）

人们说，如果了解一种说话方式的意思，但却例如并不知道哪个阶层的人会使用它，那么我就不能像当地人那样去理解它。在这样一种情形下，人们说我不能准确地了解其意义的细微差别。但如果人们认为，当他们了解了这种差别时，自己就在说出这个词的时候感受到某些不同的东西，那么这就又错了。但例如，我可以做出无数的、别人不能做出的转变。（BPP I 1078／MS 135：97）

209

实际上，"盲" 与共同体之间的联系不是偶然的，因为那些影响到面相观看和意义体验的因素——比如能力和掌握语词的熟悉程度等——都是与学习和教化（Bildung）有关的，而学习和教化恰恰是与一个人生活在其中的共同体有关。从表面上看，面相观看和意义体验似乎都是心理领域中的私人事件；但实际上，它们却需要被放置在一个关于共同体和学习的大背景之下加以讨论。

第六节　面相、意义与学习

面相盲与意义盲的问题帮助我们进一步意识到，对相关概念能力的掌握以及相应的教育和学习，在这些语言游戏中有着重要的地位。事实上，如果我们在谈论这些问题时脱离了一个人掌握概念的熟练程度和他使用相关概念的能力，那么这些谈论最终将是无意义的。而对于人类来说，能够改变这种熟悉程度和能力的事情，就是学习。

从我们第一章中提到的内省主义心理学家的角度考虑，"学习" 在经验论／天赋论的二分中处于极其不利的地位，因为它的偶然性和后天特征使得自己难以入心理学家的法眼。但是，前面的讨论告诉我们，独立于学习来谈论上述问题其实是不可行的，因为学习情况的不同，决定了相应的的语言游戏在前提条件上的不同。

事实上，维氏所说的学习与内省主义者批评的学习也并不一样。在这一点上，科勒也明显站到内省主义者那边去了。对此，维氏评论道：

> 科勒的说法难道大概不是这样吗："如果人们不能把某物看作这个或那个，那么就不能将某物认作这个或那个"？一个孩子在学会把某物认作这个或那个之前，就开始这样或那样地看它吗？他是不是首先学着回答"你如何看这个？"然后才是"这是什么？"（BPP I 977/ MS 134：175—176）

在科勒看来，"看作"是先于"看"的，人们总是首先把一个对象"看作"什么样子，然后才能"看"它。① 维氏准确地指出，这是毫无道理的，而科勒完全误解了人们学习"看"这个概念的过程。

> 但是请考虑我们是在何种意义上学会使用"看"这个词的。我们肯定说，我们在自己的视觉对象——颜色和形状——持续地并最大限度地改变着的时候，看见人和花朵。我们正是这样使用"看"这个词的。（不要认为你可以为它找到一种更好的用法，——一种现象学的用法！）（BPP I 1070/ MS 135：88—90）
>
> 当孩子学习字母时，他不是学习这样而不是那样看它。……（BPP I 541/ MS 132：185—186）

---

① 这是维氏对科勒的解释。事实上，科勒本人并没有明确这样说，我们只是可以在他的理论中发现类似的倾向。

在实际学习过程中，老师们不会首先问孩子"你看见了什么"或"你把这个东西看作什么"，而是问"这是什么"；孩子们也直接回答"这是……"，而不回答"我看见……"或"我把它看作……"。只有当关于"这是什么"的语言游戏已经被掌握之后，"你看见了什么"这种游戏才能进行，人们才能对自己的"所见之物"进行描绘。在"你看见了什么"被掌握之后，"你把它看作什么"的游戏才能进行。所以，与科勒的理解正相反，"看"这种语言游戏（不考虑"看"的两种用法，只是在最普通的意义上使用这个词），恰恰是"看作"这种语言游戏得以进行的基础；也就是说，只有在学会了"看"之后，人们才能学习和使用"看作"。

211

学习的过程也并非像心理学家所说的那样，充斥着不可靠的经验。其实，我们之所以能够谈论所有语词的意义，这恰恰是因为我们学会了相应的用法，这些用法提供了进行其他那些谈论的基础：

> 我确实曾经学习过"看"这个词。与此相适应的并非这个词、这个声音或这幅被画出的图像。是这个词的用法强加给我如下这个观念：我看到这个。
>
> 我所学到的关于这个词的用法的东西，一定在这里迫使我使用这个词。（BPP II 370／ MS 136：113a）
>
> 这里对我们来说有一种巨大的危险：想要给出精致的区别。——这类似于人们想用"真实的所见之物"来解释物理对象的概念。——不如接受日常的语言游戏，并指出那些错误的描绘。被灌输给孩子的原初的语言游戏，是不需要辩护的；必须摈弃辩护的企图。（PU II xi 161）
>
> 一个概念是强加于人的。（你不应该忘记这点。）（PU II xi 191）

在学习的过程中，个人是被迫接受一个概念的——当然，这并不意味着学习是一个纯然被动的过程——因为在他掌握一个语词用法的时候，相应的概念及其意义就已经被确定下来了。学习一个语词的用法，这在表面上看似乎只是在学习某种技艺，可一旦这种技艺被掌握，那么概念和意义就已经被学习者确定地接受下来。这就是日常的语言游戏进行的过程，看似不够"精致"，实际上却是"强制性的"。

所以，对个人而言，不同的技艺掌握水平和熟练程度，也就决定了他能够进行的是何种语言游戏。如果抛开这些条件抽象地谈论相关问题，最终是没有意义的，因为语言游戏的进行必须要有相应的框架性条件。最好的、也是唯一的选择，就是根据一个人掌握概念的能力和熟悉程度的不同，来谈论关于"看作"和"体验"的问题。请参阅如下评论：

> 对于一个刚刚接触"顶点"、"底线"等等概念的学生而言，"我现在把这个看作顶点——现在把那个"肯定没有意义。但我并不把这意指为一条经验命题。（BPP II 483/参阅 PU II xi 222/ MS 144：66）

> 只有对那个能熟练掌握关于这个图形的各种使用的人而言，他才是一会儿把它看成这样，一会儿看成那样。（BPP II 484/ PU II xi 222/ MS 144：66）

> 如果我在观察着画法几何（darstellenden Geometrie）中的一幅绘画时说："我知道，这根线条在这里再次出现，但我不能这样看它"，那么这意味着什么？这是否仅仅意味着，我对绘画中的操作不熟练，或是我对绘画不够"精通"？——这种熟悉性肯定是我们的标准之一。使我们相信对图画的立体的看的东西，就是某种"精通"。例如，某些暗示一种空间性关系的手势：行为的精致的差别。（PU II xi 180）

除此之外，维氏还经常把这样一种学习中的概念间的关系，与笔算和心算、外在的言说与内在的言说之间的关系加以比较：

> 只有当一个人已经学会了计算——笔算或口算——之后，他才能借助这种计算概念来使得心算这个概念变得是可理解的。（PU II xi 277）

> "但是内在的言谈是一种我必须学习的活动！"好吧；可是这里什么是"做"而什么又是"学"呢？

> 让语词的用法教给你它的意义！（人们同样可以经常在数学中说：让证明来教给你被证明的东西是什么。）（PU II xi 303）

> "当我在心里进行计算的时候，我实际上并没有计算吗？"——你肯定把心算同可见的计算区别开来了！但是，你只有在学会了什么是"计算"之后才能学会什么是"心算"；你只能通过学习计算来学习心算。（PU II xi 304）

213

传统哲学家和心理学家，往往误以为内部的言说是外部的言说的基础——前者是本质上的，后者只不过是前者的某种表现或实现。但在维氏看来，外部的言说才是更为根本的，就像一个人只有首先学会了笔算或口算，然后才能进行内部的"心算"一样。他所批评的那些学者，最终说来是误解了——或者说颠倒了——"内"与"外"之间的关系，错误地解释了学习与语词意义之间的关系，这些都是"语法错误"。

至此，我们不妨通过这样一个日常生活中的例子来总结一下之前的所有讨论。

孩子们都要向成年人学习如何"阅读"钟表上的时间。开始的时候，如果被问到"现在几点钟？"或"你在钟表上看见了什么？"，他只能回答"黑色的短针指在哪个数字上、长针指在哪里、红色的针在哪里……"在掌握了各个指针的名称以及小时、分钟、秒的含义之后，他又可以说"时针指在几点，分针指在几分，秒针指在几秒"。当他对所有这些概念的掌握达到一定程度之后，就可以在一定时间的思考之后说出当时的时间。但他可能会犯下这样那样的错误，或者经过比较长的时间也想不出答案。当最终像大人一样完全熟练地掌握所有这些概念和技巧之后，他就能够"不假思索"地"读出"或"看出"钟表上的时间，而且一般来说不会犯错误——因为这早已成为他生活中的一部分，成为一种比较基本的生活技能。

这时，我们可以进一步地提出如下这些问题：孩子在钟表上"看见"的究竟是什么呢？他是先看见一些感觉材料然后再去组织它们、思考它们吗——也就是说，在"读出"或"看出"时间的过程中，是否必定包含纯粹的"看"和纯粹的"思考"这两个过程？当孩子能够"不假思索"地"读出"或"看出"时间时，他有着怎样的体验？一个不能这样做的人，与一个正常人相比，是否缺少了某种体验？这四个问题，其实就是关于"面相观看"和"意义体验"的讨论中所包含的四个主题：什么是对"所见之物"的描绘，"看"的两种用法是什么，什么叫"意义体验"，什么叫"面相盲"和"意义盲"。

经过全文的讨论之后，我们已经明白了如下这点：对这些问题，我们不可能给出某种抽象的、一般性的回答，而必须根据一个孩子对相关概念和技巧的掌握来回答。否则，我们就假定了存在一种理想化的、单一的"看"的意义，就预设了一种要素（比如感觉材料或"组织"）之于另一种要素（比如概念能力）的优先性——这也就是持解释方案或内省方案的心理学家们所犯的共同错误。①

如果一个孩子刚刚开始学习"阅读"时钟，那么他"看见"

---

① 当然，即使我们反其道而行之，建立起意义之于感觉材料或"组织"的优先性，也是不对的。这种观点是科勒所批评的内省主义者在某些地方所坚持的。就这点而言，维氏可以支持科勒的这种批评。

的就是某些类似（但绝不等同于）"感觉材料"的东西，因为他除了使用最基本的视觉概念来描述它们以外，没有其他更为方便、更为准确的概念可用。① 因此，他的描述也会像对"感觉材料"的描述那样，其中充斥着困难和模糊之处。② 此时他"读出"时间的过程，其实就类似于（但也绝不等同于）一种对"感觉材料"进行加工然后再进行思考的过程——心理学家或许会对这种过程十分感兴趣。我们也可以在比喻的意义上说，这个孩子"阅读时钟"的过程非常接近于一种"思考"的过程。

随着他对相关概念掌握的增多和熟练程度的提升，他所"看见"的东西离"感觉材料"也越来越远。当他使用"时针"、"分针"这些概念来描述自己的所见之物以后，大人们也会更容易理解他的意思。此时，他的"读出"似乎已经不再是能够截然分开的两个部分（"看"和"思考"）了，更准确地说，这应当是这两个部分的一种微妙的联合。而且，他对技巧掌握得越熟练，这种联合中"思考"的成分似乎就越不明显。

到最后，等到他已经完全像大人一样来玩这个语言游戏的时候，我们就可以在"看"的第二种意义上说："他看见现在的时间是……"此时，"思考"的过程似乎已经消失或至少变得无关紧要了。他的"不假思索"的反应充分表明：这已经不是一种"看"和"思考"的相加或结合，而几乎就是一种"看"。他所给出的描述就是一种如同视觉感知一样的描述。而他的体验也接近于一种"看"的体验。

把掌握概念能力不同的孩子放在一起比较，我们就会发现，他们在这个游戏中的体验应当是不同的——这与他们各自不同的能力

---

① 人们不可能不借助任何概念来描述自己的所见之物，只是所借助的概念的范围和层次不同而已，这一点在第二章第三节的讨论中就已经说明。因此，只有掌握了那些最基本概念的人，才能进入到关于"阅读时间"的语言游戏之中。

② "感觉材料"一词是在维特根斯坦的意义上使用的，参阅第二章第三节关于"纯粹主义者"的讨论。

和熟练程度有关。比如，对于一个刚刚开始学习"阅读"钟表的孩子和一个已经对此很熟练的孩子来说，在听到"六点钟"时，他们可能不会有什么体验上的差别。实际上，根本就没有一种与"六点钟"相对应的体验存在。但是，如果有一个人非常奇怪地说出"五点六十分"的时候，不熟练的孩子可能还在认真地思考这究竟是什么钟点——在他看来，这与"五点五十九分"一样是一种正常的表达。但一个熟练的孩子则会立即感到奇怪，因为他知道人们一般会说"六点钟"而不是"五点六十分"。此时我们就可以有意义地说，这两个孩子具有不同的体验。

216

这里还需要强调的是，维氏所说的"学习"与科勒这样的心理学家所批评的"学习"或"习得"是完全不同的。后者属于一种与先天的机能或本能相对的范畴，是在因果机制下通过后天的练习或训练而获得的一种知识或能力。前者则在以下两点上与后者有着本质区别。第一，它其中也包含着一定的因果机制，但其本身不能被等同于因果机制；严格来说，它是一种对规则的掌握和熟悉的过程，属于遵守规则的范畴。第二，它不是与先天的东西相对而言的。准确地说，它对于人类个体来说倒是另一种意义上的"先天"，因为它构成了人类其他一系列活动的基础，是人类生活这条大河的"河床"。

许多学者热衷于将这种学习所获得的能力或知识、习俗称作人的"第二自然"，这固然是很有见地的。但是，这个概念恐怕并不符合维氏的本意。如果我们接受"第二自然"的说法，那么也就要接受与之相对应的"第一自然"，它意指那些在习俗和教化之外的、人类作为一个生物物种的本能。但是，首先，这种本能事实上并不属于哲学家所关心的范畴，而是更多地与自然科学的研究相关；其次，即使我们试图有意义地来谈论这种"第一自然"，也不可能独立于"第二自然"所赋予我们的语言能力和概念框架来进行这种谈论。因此，就维氏后期哲学的本意而言，我们采取如下立场会更为融贯：对于一个正常的生活在社会中的人而言，只有一种

"自然"，即一些学者所说的"第二自然"——笼统地讲，这就是人类生活于其中的教化和习俗。当然，这种观点显得比较极端，但事实上，它并不否认"第一自然"的存在及其重要性。这种观点只是说，对于人类而言，"人之为人"的本质，更多在于其"第二自然"，而非"第一自然"。①

---

① 这里使用的"本质"一词是"nature"而非"essence"，不是指一个概念背后抽象的实质，而是维特根斯坦意义上的"本性"或"自然"。

尾　声

　　本书经过四章的"精神历险"，已经在大体上澄清了维特根斯坦关于面相问题的基本看法及其论证过程。本书的导论部分，帮助我们了解了维氏后期哲学的基本主张，以及他所谓的"心理学哲学"的独特特征。正文第一章是关于科勒的格式塔理论的比较详尽的研究，它可以说是整本书的"引桥"——尽管并非直接属于这座桥梁的一部分，但离开它我们就无法驶上桥梁。相信这一章的工作也会有助于对格式塔心理学的研究。从第二章开始，我们正式进入了维氏对相关问题讨论的核心环节。在这一章中，首先被建立起来的是他对"面相"的定义，以及他讨论相关问题的基本框架和方法。在完成了这种框架性的工作之后，重点随即转向维氏对于心理学家的批判。尽管在《哲学研究》第二部分第十一大段中，维氏直接提出了"看"的两种用法，但实际上这种观点建基于他对心理学方案的一系列批判。因此，第二章的任务就是证明，为什么心理学家的两种基本方案都是行不通的，而且从根本上说都是错误的。第三章则着重阐述了维特根斯坦对于面相问题的理解。在他看来，与之相关的问题其实应该按照语言游戏的方法来加以处理。这些相应的语言游戏与其他一些语言游戏处于这样或那样的关系之中，澄清这些关系，有助于我们理解面相观看的特征。当然，其他一些与之相关的问题，比如面相的分类等等，也都在这一章中被给予足够的讨论，而最重要的概念"内在关系"则被给予格外的关注。我们考察了"内在关系"在面相观看中的含义，在心理学哲学中的地位，以及在维氏整个后期哲学中的角色。这把我们的讨论带入到一种更为全面的视角下。最后一章则过渡到对另一个相关问题的讨论，即对语词意义的体验。维氏从意义体验和面相观看这两种现象的相似之处入手，阐明它们背后所蕴含的共同的哲学含义。对这些问题的把握不能仅仅局限在维氏相应的文本之中，而必须被置于他整个后期哲学的基本框架之下。这意味着，我们在本书的最后又回到导论所开始的地方，即理解维氏后期哲学的基本框架。维氏遗留的巨大的哲学资源，有待于我们从这里出发继续发掘。

　　如果用最简单的话来概括维特根斯坦在相关问题上的核心观点，那就是：与"面相观看"和"意义体验"相关的，是一系列纠缠在一起的概念和语言游戏；心理学家们错误地认为，在"面相观看"中起作用的是某几个清楚明白的概念，或某几种界限明确的语言游戏，却因此而忽视了其他语言游戏也同样参与其中的可能性；哲学家的任务就是澄清这些概念和语言游戏，并梳理它们之间的关系，最终达到对它们的清晰把握。只有在这样的基础上，心理学家或其他科学家的工作才能够顺利地推进。

　　总结全文我们可以看到，维特根斯坦的批评主要有两个维度：一是哲学上的心理主义，二是哲学上的本质主义。前者是一种在他那个时代、甚至时至今日都非常流行的观点，是自然科学的坚定盟友，后者则是西方哲学自身自柏拉图以降的传统。前一个维度牵涉到哲学与其他自然科学的关系，以及哲学中的某些基本形而上学问题（比如还原论、身心关系等）；后一个维度则主要牵涉到哲学自身之内的一些问题，比如，如何理解概念的本性，如何理解语言、世界和心灵之间的关系，等等。

　　在第一个维度上，由于维特根斯坦如此看重学习在面相观看和语词意义体验中的作用，他很自然地就受到了那些反对"学习理论"的心理学家们的抗议。这些心理学家在这一点上是科勒的同情者。简言之，他们认为，维氏的观点无非是科勒已经批评过的经验主义的某种更为精致的变体而已。

尽管上述这些批评的有些部分显得颇有道理，但却建立在如下两点根本性的误解上。第一，它误解了维特根斯坦所说的"教育"或"学习"的含义，认为这不过就是一种后天的经验性的学习；第二，它误解了心理学的根本任务以及哲学与心理学的关系，进而误解了维氏对心理学批评的意义之所在。关于第一个问题，我们通过第四章第六节的讨论已经给出了回答。而关于第二个问题，回答则是这样：维氏并非在批评某个具体的心理学理论，而是在澄清一种根本性的语法误解，即对基本概念用法的混淆。这种误解不能靠学科的"进步"来解决，相反，对它的澄清恰恰是学科能否"进步"的前提条件。有些时候，当这些概念获得了清晰的综览之后，我们甚至就会放弃对这种"进步"的迷信。请看如下评论：

> 心理学中的混乱不能用它是一门"年轻的科学"来解释。它的处境完全不能同比如起步阶段的物理学相比。不如把它同数学中的某些分支（集合论）相比较。在心理学中，一方面存在着一种实验方法，另一方面存在着概念混淆，就像在数学的一些部分中存在着概念混淆和证明方法一样。但是，在数学中人们可以十分确信一种证明的重要性，即使它还未被正确地理解，在心理学中人们则完全不确信实验的成果。更准确地说，心理学中存在着问题，以及被人们视为解决这些问题的方法的实验，即使这些实验完全错过了那些令我们不安的东西。（BPP I 1039/ MS 135：53—54/参阅 PU II xiv 371）

从常识的角度看，实验的方法似乎是可靠和可行的，但这些实验本身却需要进行一系列的理论预设。从哲学的角度考虑，这些预设往往站不住脚，因此，维氏采取了一种看似极端的立场：我们最好放弃对人体之内的生理过程的依赖。

> 用生理过程的概念来进行思考，这对于心理学概念问题的

澄清是极其危险的。用生理学的假设来思考，这向我们呈现的有时是虚假的困难，有时是虚假的答案。对此最好的药方是，假定我们根本不知道我所认识的一个人是否真的有一个神经系统。（BPP I 1063/ MS 135：84—85）

这样一种假设——在进行内在地说话时我们的身体内发生着这样或那样的事情——令我们感兴趣的地方仅仅在于，它向我们展示了"我自言自语道……"这种表露的一种可能的用法；也就是说，从这种表露推断出一种生理的过程的可能的用法。（PU II xi 306）

当然，这种放弃并不是在否认那种过程的存在，而是在质疑该过程是否能够提供我们想要的那种哲学上的根据。[①] 经过我们之前的讨论，答案已经很明显：最终说来，任何内在的生理过程，都不能从根本上为哲学家想要解决的问题提供答案；而许多心理学家也混淆了哲学和科学的任务，从而跳进了概念混淆的泥潭之中，他们试图用实验的手段从泥潭中挣脱出来，结果却是越陷越深。随着当代心理学的飞速发展，这个领域内的成果层出不穷，但其中的一些困难，却有待从哲学的角度来处理。

在第二个维度上，维氏批评柏拉图主义传统的重要思想资源之一，便是以歌德为代表的文化传统。我们可以参阅他对歌德格言的引用和阐发：

"'不要去寻找现象背后的任何东西；现象自身就是理论。'（歌德）"（BPP I 889/ MS 134：78）

哲学恰恰只是将一切摆放在那里，它不解释任何东西而且不推导出任何东西。——因为一切均已经公开地摆放在那里

---

① 关于相关问题的讨论，可参阅《蓝皮书》（The Blue Book）第5—7页。其中有关于心理学对心灵做出的假定的讨论，以及对心理学方法的批判。

了，也没有什么要解释的。因为或许被隐藏起来的东西引不起我们的兴趣。

人们也可以将这样的东西称为"哲学"：在所有新的发现和发明之前就已经是可能的东西。（PU 126）

在讨论面相观看和意义体验问题的时候，我们很明显地看到了这种类似于歌德的倾向。维氏试图给出的都是综览式的描述，而非抽象的理论。他总是根据具体情况和条件的不同来给出具体的回答，而不试图给出一种普遍的、抽象的答案。因而，对面相或意义的问题也应当这样来看待，如此才符合维氏后期哲学的基本倾向。

维氏并不是一位哲学史家，应当说，他的哲学史知识甚至是贫乏的。尽管没有理由相信他真的对柏拉图及其以后的哲学传统有全面、准确的把握，并把柏拉图主义作为自己明确的攻击目标，但这并不妨碍我们从哲学史的视角来看待他工作的意义。与西方哲学传统上揭示"本质"的目标相比，维氏的核心哲学信条的确是反其道而行之的。他的后期哲学对隐藏在现象背后的东西几乎没有什么兴趣，因为在他看来，本来就没有什么被隐藏起来而有待人们发掘的东西存在。就这一点而言，他在哲学内部的盟友（至少在他活着的时候）并不多，但像歌德这样的文人却可以成为他的思想资源。这也告诉我们，维特根斯坦并不是典型意义上的书斋里的形而上学家，他看待哲学的视角要广阔得多；哲学外的其他学科、其他的社会文化思潮，都会引起他浓厚的兴趣和哲学反思。在这一点上，他的确是一位独一无二的哲学家。

维特根斯坦哲学在 20 世纪引导了两个学派的产生。一是受《逻辑哲学论》的影响而产生的逻辑实证主义，二是受《哲学研究》影响而产生的日常语言学派。虽然不能将这两个学派的产生和发展完全归于维氏的一己之力，但他对 20 世纪哲学发展的巨大影响由此可见一斑。引人深思的是，这两个学派事实上最终都走向了"自我毁灭"。逻辑实证主义者得自《逻辑哲学论》的那些原则，不仅最终未能走出自身的困境，而且实际上也受到后期维特根斯坦工作的彻底批判。日常语言学派的兴盛与终结，则是维氏辞世之后的事情。日常语言哲学家们继承了后期维氏的一些基本思路并对之进行了扩展，将其用于诸多具体哲学问题的讨论。但是，这些讨论常常遇到挫折甚至遭受失败。由于缺乏系统化的理论方法，这个学派的研究越来越陷入困境，并受到其他更系统化哲学家的有力批判。最终，这个学派在自己曾经的成员保罗·格赖斯对"意义"这个概念所做的深刻反思中，走完了自己的历程。

尽管这个学派的很多工作最终被证明是有问题的，但这并不意味着维特根斯坦哲学价值的贬值。维特根斯坦的哲学——尤其是他的后期哲学——既建立在对其他哲学家批判的基础上，也深深根植于对自己既有思想的反思与批评中。他留给后人的并不是某种牢不可破的研究框架或完美无缺的哲学图景，而是一堆庞大的、有着巨大开发潜力的哲学遗产。这些遗产应当被当作原料而非成品来看待。日常语言学派在信奉"意义即用法"这个信条的同时，忽视了维特根斯坦更为重要的哲学精神。在笔者看来，这种更为重要的精神既不在于语言分析的方法，也不在于对日常语言的推崇，而是在于对任何哲学理论或观念所一贯持有的批判和严谨分析的态度。当我们分析他的《哲学研究》时，的确会发现某种奇怪之处，即这本书提出的核心原则与其理论表达之间，似乎是冲突的。如果哲学的确是如维氏所看待的那样，那么他所有的哲学论述似乎都不能被称为"哲学"，而且并没有什么意义。但即便如此，也并不意味着我们从中得到的东西一定是自相矛盾或不融贯的。实际上，当带着那样的一种批判态度来看待他的工作时，我们就会明白，这种批判或严谨的分析态度本身才是最重要的，是真正的哲学精神或核心信条之所在。任何一种哲学，无论其处理问题的具体框架和理论表述如何，都只在这个意义上才拥有无限的生命力和开放性。

参考文献

一 维特根斯坦著作及缩写

Tractatus Logico - Philosophicus（TLP）, in *Werkausgabe*, Band 1, Frankfurt: Suhrkamp, 1984. First published in 1921.

《逻辑哲学论》，韩林合译，北京：商务印书馆，2013。

The Big Typescript（TS 213）, edited and translated by C. Grant Luckhardt and Maximilian A. E. Aue, Blackwell Publishing, 2005.

Philosophische Bemerkungen（PB）, *Werkausgabe*, Band 2, hrsg. von R. Rhees, Frankfurt: Suhrkamp, 1984. First published in 1964.

The Blue Book（BlB）, in *The Blue and Brown Books*, ed. R. Rhees, Oxford: Blackwell, 1958.

Bemerkungen über die Philosophie der Psychologie, Band I（BPP I）, in *Werkausgabe*, Band 7, G. E. M. Anscombe und G. H. von Wright, Frankfurt: Suhrkamp, 1984. First published in 1980.

Bemerkungen über die Philosophie der Psychologie, Band II（BPP II）, in *Werkausgabe*, Band 7, hrsg. von G. E. M. Anscombe und H. Nyman, Frankfurt: Suhrkamp, 1984. First published in 1980.

Letzte Schriften über die Philosophie der Psychologie（LS I）, in *Werkausgabe*, Band 7, hrsg. von G. H. von Wright und H. Nyman, Frankfurt: Suhrkamp, 1984. First published in 1982.

Letzte Schriften über die Philosophie der Psychologie（1949—1951）: *Das Innere und das Äußere*（LS II）, hrsg. von G. H. von Wright und

H. Nyman, Frankfurt：Suhrkamp, 1993. First published in 1992.

Philosophical Investigations, ed. G. E. M. Anscombe and R. Rhees, tr. G. E. M. Anscombe, 2nd edn, Oxford：Blackwell, 1997. German – English parallel text. First published in 1953.[①]

Philosophical Investigations（PU）ed. P. M. S. Hacker and J. Schulte, Wiley – Blackwell, 2009.

《哲学研究》，韩林合译，北京：商务印书馆，2013。

Wittgenstein's Nachlass：The Bergen Electronic Edition, Oxford：Oxford University Press, 2000.

Wittgenstein's Lectures on Philosophical Psychology 1946—47（LPP）, notes by P. T. Geach, K. J. Shah, and A. C. Jackson, ed. P. T. Geach, London：Harvester, 1988.

Zettel（Z）, *in Werkausgabe*, Band 8, G. E. M. Anscombe und G. H. von Wright, Frankfurt：Suhrkamp, 1984. First published in 1967.

二 其他作者

Ash, M. G. （1995）*Gestalt Psychology in German Culture, 1890—1967*, Cambridge University Press.

Ayob, G. （2009）"The Aspect – Perception Passages：A Critical-Investigation of Köhler's Isomorphism Principle", *Philosophical Investigations*, 32：3 July 2009, 284—280.

Baker, G. P. and Hacker, P. M. S. （1984）*Investigations：Scepticism, Rules and Language*, Oxford：Blackwell.

Bar – Elli, G. （2006）"Wittgenstein on the Experience of Meaning and the Meaning of Music", *Philosophical Investigations*, 29：3 Ju-

---

① 本书在《哲学研究》诸段落的编排上以 2009 年的新版为准，因为此版本给《哲学研究》第二部分的每一条评论以明确的数字编号，故 1953 年的版本没有给出缩写。其中《哲学研究》第一部分一律缩写为 PU 加页码，第二部分缩写为 PU II 加罗马数字分段及页码，不采用英语世界常用的缩写 PI。

ly 2006, 217—249.

Benjafield, J. G. (2008) "Revisiting Wittgenstein on Köhler and Gestalt psychology", *Journal of the History of the Behavioral Sciences*, Vol. 44 (2) Spring 2008, 99 – 118.

Budd, M. (1989) *Wittgenstein's Philosophy of Psychology*, London: Routledge.

——. (1987) "Wittgenstein on Seeing Aspects", *Mind*, New Series, Vol. 96, No. 381 (Jan. , 1987), 1—17.

Day, W. and Krebs, V. J. (ed.) (2010) *Seeing Wittgenstein Anew*, Cambridge University Press.

Dinishak, J. (2008) (Dissertation) *Wittgenstein and Köhler on Seeing and Seeing Aspects: A Comparative Study*, University of Toronto.

Dunlop, C. E. M. (1984) "Wittgenstein on Sensation and 'Seeing – As'", *Synthese*, Vol. 60, No. 3 (Sep. , 1984), 349—367.

Fodor, J. (1975) *The Language of Thought*, Cambridge, Mass. : Harvard University Press.

Glock, H – J (1996) *A Wittgenstein Dictionary*, Blackwell Reference.

Goldstein, L. (2004) "What does 'Experiencing Meaning' Mean", in *The Third Wittgenstein*, ed. Daniele Moyal – Sharrock, Ashgate Publishing Group, 107—123.

Good, J. (2006) *Wittgenstein and the Theory of Perception*, Continuum International Publishing Group.

Hacker, P. M. S. (2009) *Wittgenstein: rules, grammar, and necessity*, 2nd ed, Volume 2 of *An Analytical Commentary on the* <u>*Philosophical Investigations*</u>, Wiley – Blackwell.

——. (2010) "The Development of Wittgenstein's Philosophy of Psychology", P. M. S. Hacker and J. Cottingham eds. , *Mind, Method and Morality – Essays in Honour of Anthony Kenny* (Clarendon Press,

Oxford），275—305．

韩林合（2003）《分析的形而上学》，北京：商务印书馆。

——．（2007）《〈逻辑哲学论〉研究》修订—完整版，北京：商务印书馆。

——．（2010）《维特根斯坦〈哲学研究〉解读》，北京：商务印书馆。

Hark，M. T. （1990） *Beyond the Inner and the Outer：Wittgenstein's Philosophy of Psychology*，Dordrecht：Kluwer.

——．（2009）"Coloured Vowels：Wittgenstein on Synaesthesia and Secondary Meaning"，*Philosophia*（2009）37，589—604．

赫根汉，B. R. （2004）《心理学史导论（上下册)》，华东师范大学出版社。

Hunter，J. F. M. （2008）"Wittgenstein on Seeing and Seeing – as"，*Philosophical Investigations*，Vol. 4 April 1981，33—49．

James，W. （1981）*The Principles of Psychology*，Cambridge，Mass.：Harvard University Press. First published in 1890.

Jastrow，J. （1900）*Fact and Fable in Psychology*，Routledge & Kegan Paul.

考夫卡，K. （2010）《格式塔心理学原理》，李维译，北京大学出版社。

Köhler，W. （1929）*Gestalt psychology*，New York：Liverright.

——．（1947）*Gestalt psychology*，New York：Liverright.

Kripke，S. （1982）*Wittgenstein on Rules and Private Language*，Oxford：Blackwell.

Liu，C. （2007）*Wittgenstein über das Aspektsehen*，Umschlagentwurf：mensch und buch verlag.

刘畅：《理解心灵》，《云南大学学报（社会科学版)》2015 年第 4 期，第 31—42 页。

Malcolm，N. （1995）*Wittgensteinian Themes：Essays*，1978—

1989, ed. G. H. von Wright, Ithaca: Cornell University Press.

McDowell, J. (1994) *Mind and World*, Harvard University Press.

蒙克，R. (2011)《维特根斯坦传》，王光宇译，浙江大学出版社。

Mulhall, S. (1990) *On Being in the World*, Routledge.

Pastore, N. (1991) "Wittgenstein on Köhler and Gestalt psychology: A Critique", *Journal of the History of the Behavioral Sciences*, Volume 27, October 1991, 341—351.

Schroeder, S. (2010) "A Tale of Two Problems: Wittgenstein's Discussionof Aspect Perception", in *Mind, Method, and Morality: Essays in Honour of Anthony Kenny*, ed. John Cottingham and Peter Hacker, Oxford University Press.

Schulte, J (1993) *Experience and Expression: Wittgenstein's Philosophy of Psychology*, Oxford.

Seligman, D. B. (1976) "Wittgenstein on Seeing Aspects and Experiencing Meanings", *Philosophy and Phenomenological Research*, Vol. 37, No. 2 (Dec., 1976), 205—217.

Soames, S. (2003) *Philosophical Analysis in the Twentieth Century*, vol. 1 and 2, Princeton University Press.

Tilghman, B. R. (1983) "Seeing and Seeing - as in Wittgenstein's Tractatus", *Philosophical Investigations*, Vol. 6 April 1983, 116—134.

Verdi, J. (2010) *Fat Wednesday*, Paul Dry Book.

Williams, J. C. (1979) "Experiencing the Meaning of a Word", *Continental Philosophy Review*, Vol. 12, 3—12.

Wenzel, C. H. (2010) "On Wittgenstein's Notion of Meaning - Blindness: Its Subjective, Objective and Aesthetic Aspects", *Philosophical Investigations*, 33: 3 July 2010, 201—219.

Wilkerson, T. E. （1973） "Seeing – as", *Mind*, New Series, Vol. 82, No. 328 （Oct., 1973）, 481—496.

臧勇:《罗素与布拉德雷关于关系的争论》,北京大学博士论文,2011 年。

Zemach, E. M. （1995） "Meaning, the Experience of Meaning and the Meaning – blind in Wittgenstein's Late Philosophy", *Monist*, 78:4 （1995:Oct.）, 480—495.